Magnus Gottfried Lichtwer

Das Recht der Vernunft

in fünf Büchern

Magnus Gottfried Lichtwer

Das Recht der Vernunft
in fünf Büchern

ISBN/EAN: 9783744721301

Hergestellt in Europa, USA, Kanada, Australien, Japan

Cover: Foto ©Thomas Meinert / pixelio.de

Weitere Bücher finden Sie auf **www.hansebooks.com**

Das
Recht der Vernunft,

in

fünf Büchern.

Von

M. G. Lichtwer.

VIRGIL.

Difcite juftitiam, moniti, nec temnere Divos.

Wien,

gedruckt und verlegt bey Jofeph Edlen
von Baumeifter.

1790.

Dem
Allerdurchlauchtigſten
und
Groſsmächtigſten Könige und Herrn
Herrn,

Friederich,

König in Preuſſen,

Marggrafen zu Brandenburg, des
Heil. Röm. Reichs Erzkämmerern und
Churfürſten, ſouverainen und oberſten
Herzog von Schleſien, ſouverainen Prin-
zen von Oranien, Neufchatel und Va-
lengin, wie auch der Graſſchaft Glatz,
in Geldern, zu Magdeburg, Cleve,
Jülich, Berge, Stettin, Pommern, der
Caſſuben und Wenden, zu Mecklenburg
und Croſſen Herzoge, Burggrafen zu
Nürnberg, Fürſten zu Halberſtadt, Min-
den, Camin, Wenden, Schwerin, Rat-
zeburg, Oſtfrieſsland und Moers, Gra-
fen zu Hohenzollern, Ruppin, der Mark,
Ravensberg, Hohenſtein, Tecklenburg,
Schwerin, Lingen, Bühren und Lehr-
dam, Herrn zu Ravenſtein, der Lande
Roſtock, Stargard, Lauenburg, Bü-
tow, Arlay und Breda etc. etc.

* 3

Seinem állergnädigſten

Könige und Herrn

widmet dieſe Blätter

in tiefſter Unterthänigkeit

der Verfaſſer.

O d e.

Herr! wie Dein Schwert die Feinde
schlägt,
Und wie, wohin Dein Roß Dich trägt,
Gott, Sieg und Ehre Dich begleiten,
Sing ein Virgil den Ewigkeiten!
Zu schwach, die Wunder anzupreisen,
Die Du, o großer Held! gethan,
Die jüngst Prag, Rosbach, Lissa sahn,
Besingt mein Lied in Dir den Weisen.

O König, der die Menschen kennt,
Der seine Völker Kinder nennt,
Die Unschuld schützt, dem Unrecht
wehret,
Und der, wie Gott, auch Bettler höret.
Auf den unwandelbaren Pflichten
Des Rechtes, die mein Buch berührt,
Beruht Dein Recht, das uns regiert,
Und Dein Gesetz, darnach wir richten.

Bey jedem Schritte sieht Dein Blick
Auf unser künftges Wohl zurück.

Du wagst für uns Dein theures Leben;
Was können wir dafür Dir geben?
Wir sind bereit, für Dich zu sterben,
Wir weihn Dir fröhlich Gut und Blut:
Und dieser festgesetzte Muth
Soll einst auf unsre Kinder erben.

Die unsichtbare Majestät,
Die vor Dir her im Treffen geht,
Die wird uns, eh wir es gedenken,
Dich und den Frieden wieder schenken.
Vollkommenster Monarch auf Er-
den!
Du bist ein Weiser und ein Held,
O möchtest Du, zum Heil der Welt,
Der Aelteste der Fürsten werden!

Eurer Königl. Majestät
Meines allergnädigsten Herrn

Halberstadt,
den 24. Jäner 1758.

allerunterthänigster treugehorsamster
Knecht
Der Verfasser.

Vorrede.

Ich habe mich unterfangen, die wichtigsten Wahrheiten des Rechts der Natur und der Sittenlehre in der Sprache der Dichter vorzutragen. Der Beyfall der Leser wird die grösste und einzige Belohnung seyn, die ich für meine Mühe erwarten kann. Sollte aber auch mein Buch missfallen, so wird wenigstens mein misslungener Versuch feurige und aufgeklärte Geister ermuntern, nach dem Beyspiele der grösten deutschen Dichter, die sich bereits an

* 5

einzelne Stücke der Moral gewaget,
das grosse Feld der Tugend und Wahr-
heit, mit mehrerm Geiste in seinem
ganzen Umfange, abzuschildern.

Erhabnere und nützlichere Gegen-
stände kann der Poet niemals wählen;
zumal, nachdem sie durch die unwi-
derleglichen Grundsätze der scharfsin-
nigsten Weltweisen in ihr völliges Licht
gesetzt sind. Die Hauptlehren des na-
türlichen Rechtes habe ich nach den Be-
griffen des Freyherrn von Wolf vorzu-
stellen mich bemühet. Ich nenne es ein
Recht der Vernunft, weil es die Ge-
setze in sich fasset, die den Menschen,
als einen Menschen, im Stande der
Natur, wo an keine Unterwürfigkeit
gedacht wird, verbinden. Es ist also

das Recht der Natur ein wahres Recht
der Menſchen überhaupt, eine Theo-
rie des Guten und Böſen, davon die
Sittenlehre die Ausübung zeiget.

Der ſyſtematiſchen Ordnung des
Freyherrn von Wolf überall zu folgen,
geſtatteten die Geſetze der Dichtkunſt
nicht. Ich habe ein Lehrgedicht, und
kein Compendium ſchreiben, vielweni-
ger dergleichen überſetzen wollen. Die
Haupteintheilung iſt von mir derge-
ſtalt beobachtet worden, daſs ich in
dem erſten Buche einige allgemeine
Begriffe, in den übrigen Büchern die
drey Arten menſchlicher Pflichten vor-
getragen; wobey ich dann und wann
einige Erfindungen und Gedanken der
Alten, wegen ihrer beſondern Schön-

heit, welche nie veraltet, nach dem Beyspiele vieler Alten und Neuern, zu entlehnen mich erkühnet.

Möchte doch auch meine Arbeit etwas beytragen, dem menschlichen Geschlechte die Tugend angenehmer, und das Laster gehässiger zu machen! Wie rühmlich wäre es für mich, ein nicht ganz unnützliches Mitglied dieser grossen Gesellschaft gewesen zu seyn!

———

Inhalt des erften Buches
des
Rechtes der Vernunft.

Urfprung und Schickfal des Rechtes
der Vernunft. Die freyen Handlungen
der Menfchen machen ihren Zuftand
entweder vollkommner oder unvoll-
kommner, und find daher von Natur
gut oder böfe. Die Natur hat dem Gu-
ten einen Reiz, es zu begehren, und
dem Böfen einen Gräuel, es zu verab-
fcheuen, anerfchaffen; daher ift das Gu-
te und Böfe ein Bewegungsgrund in
uns, das Gute zu thun, und das Bö-
fe zu laffen. Die Verknüpfung des Be-
wegungsgrundes mit der menfchlichen
Handlung, machet die Verbindlichkeit,
und hieraus entfpringet die natürliche,
da die Natur Gutes oder Böfes aus un-
ferm Thun und Laffen erfolgen läfst.
Die Natur verbindet uns alfo, nach
der Regel zu leben: Thu Gutes, flieh
Böfes. Eine verbindende Regel ift ein
Gefetz, und alfo ift diefes ein Gefetz
der Natur, welches aus der Vernunft
erkannt wird. Diefs Gefetz oder Recht

geht auf alle unſere Handlungen: iſt ewig, göttlich, weil Gott der Urheber der Natur, und der Grund des Glückes und Unglückes iſt. Dieſs Geſetz beſtimmet meine Rechte auf andere Dinge. Die Fertigkeit, nach dem Rechte der Vernunft zu leben, oder ihm entgegen zu handeln, iſt Tugend oder Laſter. Die Tugend führet zum höchſten Gute, das Laſter zum höchſten Uebel. Jene macht ein ruhiges, dieſes ein unruhiges Gewiſſen. Das Gewiſſen iſt der Richter unſerer Handlungen.

Inhalt des zweyten Buches.

Das Recht der Vernunft betrachtet den Menſchen, wie er in der Geſellſchaft des menſchlichen Geſchlechtes, das iſt, im Stande der Natur leben ſoll. Die erſten Pflichten, die uns dieſes Recht befiehlt, gehen auf die Verbeſſerung unſrer ſelbſt. Streit der Pflichten. Mittel zur Verbeſſerung ſeiner ſelbſt. Pflichten gegen die Seele, und I. des Verſtandes. Hinderniſſe dabey ſind Irrthum und Unwiſſenheit. Lehre von der Weisheit und Thorheit, Klugheit, Verbindlichkeit zur Wiſſenſchaft, zu

allgemeinen Begriffen. Die Vollkom-
menheit des Verstandes besteht in deut-
licher Erkenntnifs der Wahrheit: Be-
fchreibung derfelben. Pflichten II. des
Willens. Das Mittel zu deffen Verbeffe-
rung ist die Ueberzeugung, die durch
Erfahrung und Vernunft erhalten wird.
Nutzen der Gefchichte und Fabel. Selbft-
erkenntnifs. Hinderniffe find die Sin-
nen, Einbildungskraft, und die Affec-
ten. Wie diefe Hinderniffe zu heben
find.

Inhalt des dritten Buches.

Pflichten gegen den Leib. Selbftmord
ist verbothen. Mittel der Gefundheit.
Mäffigkeit. Einwurf wird gehoben. La-
fter der Wolluft, und befonders der
Trunkenheit. Sittfamkeit im Effen. La-
fter der Geilheit fchadet der Gefund-
heit, wie auch übermäffige Arbeit.
Pflichten in der Kleidung, gegen die
Sinne, befonders Pflichten gegen das
Geficht, und Gehör. Pflicht in Anfe-
hung der Wohnung. Pflichten in An-
fehung zeitlicher Güter. Tugend der
Vergnüglichkeit. Armuth und Reich-
thum. Verbindlichkeit zur Arbeit. Stra-

fen des Müfsigganges. Sparfamkeit, La-
fter der Verfchwendung, des Geizes.
Fabel vom Midas. Befchreibung der
Ehre. Pflichten in Anfehung derfelben.
Schande und Verläumdung. Lafter des
Hochmuths. Bewegungsgründe der De-
muth. Pflichten im Glücke und Unglü-
cke. Tugend der Geduld. Vernünfti-
ge Troftgründe wider den Tod.

Inhalt des vierten Buches.

Befchreibung der Gottheit. Gründe ih-
res Dafeyns. Pflichten gegen Gott. Der
Menfch foll ihn erkennen und ehren.
Hinderniffe dabey find der Unglauben
und Aberglauben. Wahrer Gottesdienft.
Lebendige Erkenntnifs Gottes. Gott
wird entweder aus der Vernunft *a prio-*
ri, oder aus den Gefchöpfen *a pofte-*
riori, erkannt. Gottes Vollkommen-
heiten follen uns bewegen, ihn zu ver-
ehren. Handlungen zur Ehre Gottes,
und Frömmigkeit. Wir follen Gott lie-
ben: Bewegungsgründe dazu. Die Got-
tesfurcht. Göttliche Strafen. Dankbar-
keit gegen Gott. Göttliche Vorfehung.
Einwürfe wider die Vorfehung Gottes.
Beantwortung derfelben. Fabel vom

Jupiter und dem Bauer. Vertrauen auf Gott. Verbindlichkeit zum Gebethe. Freudigkeit im Bethen. Verſammlungen zum Gottesdienſte, und Belehrung von Gott. Ceremonien. Die natürliche Religion.

Inhalt des fünften Buches.

ftahles und Raubens. Man foll den Schaden, den man andern gethan hat, erfetzen, das Seinige nicht begehren, noch ihm vorenthalten. Pflicht der Freygebigkeit. Dankbarkeit. Undank. Vollkommenes und unvollkommenes Recht der Menfchen. Die Noth giebt ein vollkommenes Recht, die Liebespflichten geben ein unvollkommenes. Urfprung der Verträge. Wefentliche Stücke des Vertrages. Verträge, dadurch das Eigenthum auf andere gebracht wird, find die Schenkung und der Taufch. Urfprung des Geldes. Pflichten in Anfehung des Geldes, in Anfehung des Kaufes, des Arbeitslohnes. Pflichten in Anfehung des Leihens. Wucher ift verbothen. Pflicht des Schuldners. Urfprung des Pfandes und der Handfchrift. Tugend der Gerechtigkeit.

Das
Recht der Vernunft,

in

fünf Büchern.

A

Erstes Buch.

Das Recht, das mir befahl, Gott,
    mich und dich zu lieben,
In die Natur gelegt, von ihr ins Herz
    gefchrieben,
Sey meiner Mufe Lied. O du, des
    Himmels Kind,
Vernunft, du weifst allein, was mei-
    ne Pflichten find.
Die Wahrheit fteckt in dir; du leiteft
    mich: ich dringe
In den Zufammenhang und innern Bau
    der Dinge.
Dein Adel fcheidet mich von halb be-
    feeltem Vieh:
Du bift des Weifen Stab: wer dir folgt,
    irret nie.
Eröffne das Gefetz, das Gott nicht än-
    dern können,
Und fage, was ich foll gut oder böfe
    nennen.

Dein Licht, der Gottheit Stral, der
rohen Völkern fchien,
Hieſs aus des Waldes Nacht fie in die
Städte ziehn;
Gab Ordnung und Gefetz; fchuff Men-
fchen aus Barbaren;
Geboth den Wilden felbſt, Verträge
zu bewahren.
Dieſs hob der Weifen Ruhm in Grie-
chenland empor,
Und rief aus Scythien den Anacharſis
vor.
So war der Menfchheit Recht der Leit-
ſtern alter Weifen;
Doch keiner wagte fich, es andern an-
zupreifen.

Die Welt verdankt dirs nie *), un-
ſterblicher Sokrat!
Dein Fuſs betrat zuerſt den ungebahn-
ten Pfad.
Der alte Philofoph, vertieft in Zahl
und Sternen,
Erhielt von dir die Kunſt, fich felbſt
befchaun zu lernen.

*) *Cicero Tufcul. Quaeſt. l. V. 4.*

Es sah der Mensch das Licht, das längst
in ihm gebrannt,
Und das, von Wahn umwölkt, die
Trägheit nicht erkannt.
Da fühlte sich Athen, und lernte Pla-
tons Lehren,
Des Weisen von Stagir, des Epiktets
verehren.
Da tratest du auch auf, erhabner Epikur!
Der Tugend ächter Freund, und Ken-
ner der Natur.
O dafs dein scharfes Aug, aus dem
die Wahrheit spielte,
Den Geist, der in uns wohnt, nicht
für vergänglich hielte!

Auch Rom, der Völker Haupt,
Achajens Schülerinn,
Erkannte die Natur, und ihrer Ord-
nung Sinn.
Verehrungswürdges Rom! grofs durch
erfochtne Kronen,
Noch gröfser durch den Geist gepriefner
Ciceronen:
O Rom! Europa selbst, von deiner
Herrschaft Joch
Vorlängst entlediget, ehrt dein Geset-
ze noch.

Aus Quellen der Natur find deines
Rechtes Lehren
Urfprünglich *) hergeführt; fie müffen
ewig währen!
Die Nacht der Barbarey verfinfterte
diefs Licht,
Die Welt verwilderte, und fah die
Tugend nicht.
Ein fchwarzes Wunderthier, der Ket-
zereifer, fiegte,
Der Dummheit Tugend hiefs, und mit
der Wahrheit kriegte;
Bis ihr verftärkter Glanz der Welt mehr
Einficht gab;
Da fielen der Vernunft die fchweren
Feffel ab.

*) *Dafs ein groffer Theil des römi-
fchen Rechts ein bloffes Recht der
Natur fey, wird niemand in Zwei-
fel ziehen, und folches beftüttiget
Juftinianus felbft* §. 1. Inftit. de Jure
naturae. *und* Vlpian. l. 6. D. de
Juft. et jure. Conf. Gravinae Orig.
Jur. Civil. l. 1. §. XL. Heinecc. An-
tiqu. Rom. Jurisprudent. l. 1. t. 1.
§. 2.

Gepriefner Verulam! du lehrteſt dei-
ne Britten
Das, der erneuten Welt, noch frem-
de Recht der Sitten.
Ein aufgeklärter Grot mit glücklicherm
Verſuch
Eröffnet der Natur bisher verfchloſsnes
Buch;
Das Pufendorf, Thomas, und der noch
mehr verklärte,
Der, nach Euklidens Art, die Men-
fchen denken lehrte.

Vollkommenheit! welch Bild, an
Pracht und Anmuth reich!
Ein Ganzes, ohne Fehl, und überall
fich gleich;
Voll Ordnung, immer neu, der Ab-
ficht nie zuwider,
Schön durch die Harmonie genau ver-
einter Glieder:
Dein holder Anblick ifts, der allen
Schmerz erſtickt,
Und den, der dich befchaut, mit rei-
ner Luft erquickt.
Was dich vermehrt, ift gut! Um dei-
ne Scheitel fchweben

Erkenntniſs, Ueberfluſs, Geſundheit,
  Frieden, Leben,
Und lauter Seligkeit. Doch ach! welch
  Gegenbild!
Die Unvollkommenheit, mit Mängeln
  überfüllt;
Uneinig mit ſich ſelbſt; ein ungeſtal-
  ter Haufen
Von Dingen, die ſich fliehn, und durch-
  einander laufen:
Ihr gräſsliches Geſicht macht unſre Her-
  zen ſchwer,
Von ihr kömmt alles Leid, und lau-
  ter Böſes her.
Ihr folgt die Dummheit nach, die ſtets
  im Finſtern gehet;
Die Unruh, blaſs vor Angſt; der Schimpf,
  der nackend ſtehet;
Die hagre Dürftigkeit; der Krieg, vom
  Blute roth;
Der beiſſende Verdruſs; die Krankheit
  und der Tod.

Beſieh dich doch, o Menſch! in
  dieſen beyden Bildern,
Und merke, daſs ſie dich und deinen
  Zuſtand ſchildern.

Dein Schickſal iſt dein Werk ; wohl
oder ſchlimm geſinnt,
Bauſt du dein Paradies, und oft dein
Labyrinth.
Freywillig machſt du dich in dieſer
Welt auf immer
Zum Sklaven oder Herrn, vollkomm‐
ner oder ſchlimmer.

So liebt ein Philaleth die Wahrheit
und die Pflicht,
Ehrt treuer Aeltern Zucht, des Leh‐
rers Unterricht.
Es klärt ſich ſein Verſtand; die Däm‐
pfung wilder Triebe
Giebt ihm geſunden Leib ; ſein Wohl‐
thun bringt ihm Liebe ;
Die Arbeit Brods genug. In ſtiller
Sicherheit
Lebt er, wie es ſein Gut, wie es ſein
Stand gebeuth.
Nicht Geld, noch hoher Rang, dar‐
nach der Eitle ſpüret,
Hat Philalethens Arm die Gattinn zu‐
geführet,
Die ſeine Zeit verſüſst: die Unſchuld,
der Verſtand,

Der Seelen Aehnlichkeit, die knüpf-
ten diefes Band.
Mit Kindern guter Art, in unvergäll-
ten Tagen,
Lebt Philaleth vergnügt, und das durch
fein Betragen.

Sieh aber den Amynt, der gleiche
Freyheit hat,
Als Kind fieht er fich reich, und bläht
fich in der Stadt.
Aus Faulheit bleibt er dumm; der Ju-
gend befte Kräfte
Vergehn in fchnöder Luft : er haffet
die Gefchäffte,
Ehrt blindlings feinen Trieb. Von Kin-
dern und der Frau
Durch Unordnung getrennt, macht ihn
der Kummer grau.
Von Gläubigern verfolgt, verkannt von
feines gleichen,
Mit ungefundem Leib fieht man ihn
bettelnd fchleichen.
Ihm fchleicht der innre Wurm auf fau-
ren Tritten nach,
Und malt ein fchrecklich Bild von fei-
nem Ungemach.

Unſeliger Amynt! Was magſt du nicht
erdulden?
Du trägſt die Höll in dir, und das
durch dein Verſchulden.

Unähnlicher Erfolg gleich freyer
Menſchen Thuns!
Du zeigſt, der Grund des Heils und
Uebels ſey in uns.
Auch jeder Stunde Werk (kein Witz
mag es verhindern)
Wird unſer Wohl und Weh vergröſ-
ſern oder mindern:
Und alles, was der Menſch mit Wil-
len läſst und thut,
Iſt an ſich ſelber bös, iſt an ſich ſel-
ber gut.
Auf Wegen der Gefahr wird der Ver-
wägne gleiten,
Dem Schwelger Armuth drohn, den
Neider Gram begleiten.
Auch dem Spinoſa ſelbſt, der keine
Gottheit glaubt,
Zerrüttet doch die Kraft des Weines
Herz und Haupt;
Der Geilheit wilde Glut bringt dich um
Hab und Ehre,

A 6

Und tödtet deinen Leib, wenn schon
kein Gott nicht wäre. *)

So stehen Wohl und Weh, gewisse
Lust und Qual,
Das Leben und der Tod, in jedes
Menschen Wahl.
Wie? sollten wir die Hand dem Tode
selber biethen,
Und blindlings wider uns, und unsre
Seele wüthen?

—

Hier, Muse! sage mir, was für ein
Zauberband
Die mächtige Natur für unsern Geist
erfand?
Zwar zähmt den raschen Hengst des
kühnen Reiters Zügel,
Ein Strick den wilden Stier, den Lö-
wen Kett und Riegel.
So hört der Elephant auf seines Herrn
Geboth,
Und scheut den krummen Stahl, der
seinem Rüssel droht.

*) *Wolfs Moral*, 1. *Theil, Cap.* 1.
§. 5.

Was aber für ein Zaum mag fich für
  Seelen fchicken?
Läfst auch ein freyer Geift durch Ban-
  de fich beftricken?

 Es ward ein innrer Reiz dem Gu-
  ten beygelegt,
Der in des Kenners Bruft nothwendig
  Luft erregt.
Ein innrer Gräuel ward dem Böfen ein-
  gedrücket,
Vor dem die Seele flieht, fobald fie
  es erblicket.
O felig! wenn fie ftets das Gute deut-
  lich kennt,
Und nicht aus falfchem Wahn in das
  Verderben rennt.
Sie wird, aus freyer Wahl, die Hand
  dem Guten biethen;
Mit Graufen wird fie fich vor Uebel-
  thaten hüten.

Seht, Menfchen! diefes Band, das
  freye Seelen nur,
Nur Geifter binden kann, erwählte die
  Natur.
So zähmt ein weifer Fürft durch Stra-
  fen rohe Bürger;

Droht Geiſſeln dem Betrug, das Schwert
   dem Menſchenwürger;
Läſst aber Kunſt und Witz und Treu
   nicht unbelohnt:
Man ehret ſein Geſetz, das nie des
   Thäters ſchont.
Die Hoffnung ſichern Lohns, die Furcht
   gewiſſer Strafe
Macht unverdroſsnes Volk, und aus
   den Wölfen Schafe.

Dieſs that auch die Natur, die hier
   mit ſtarker Hand
Den Abſcheu und die Luſt mit eurem
   Thun verband.
Dadurch bewog ſie euch, ihr freyer-
   ſchaffnen Seelen,
Das Böſe ſelbſt zu fliehn, das Gute
   ſelbſt zu wählen.
So warnt euch die Natur: Flieht über-
   mäſsgen Trunk!
Es folgt ein ſiecher Leib, und Schmerz
   und Unordnung.
Ein Freund der Weisheit ſieht, wenn
   volle Gläſer ſchwirren,
Der Krankheit knöchern Bild um Tiſch
   und Becher irren;

Er fieht das offne Grab, darein der
Schlemmer ftürzt,
Und flieht das füffe Gift, das muntre
Jahre kürzt.

Sie ruft euch : Tödtet nicht ; ihr wür-
det fterben müffen.
Und fcheut ihr nicht den Tod, fo fürch-
tet das Gewiffen.
Des Todes Schreckenbild, die Furcht
der innern Qual,
Der martervollen Reu, hemmt den ge-
zückten Stahl.
Sie fpricht : Flieht Müffiggang, feyd
fleiffig, Menfchenkinder ;
Die Arbeit nährt den Mann und macht
den Leib gefünder.
Durch diefen Lohn gereizt, durchfährt
der Menfch die See,
Fühlt nicht der Sonnen Glut, und bricht
durch Eis und Schnee,
Durchgräbt der Erde Schoofs, und die-
net feines gleichen.
Um ein gewiffes Brod im Alter zu er-
reichen.
So ward ein gleicher Trieb in aller
Herz gelegt,

Und allen Sterblichen die Regel ein-
geprägt:
*Du sollst das Gute thun, du sollst das
Böse lassen.*
In diesem Götterspruch läßt das Ge-
setz sich fassen,
Das die Natur uns schrieb. Er hält
ein Recht in sich:
*Beginne, denke, flieh, begehre, schwei-
ge, sprich.*

Dem Wunsch, der dir entfährt, dem
mindesten Gedanken,
Den du mit Vorsatz zeugst, setzt die-
ser Maaßstab Schranken;
Auch den geringsten Schritt, aus freyer
Wahl gethan,
Schreibt er dir zum Verdienst und zum
Verbrechen an.
Die Strenge der Natur wird keines
Menschen schonen,
Wird alles, was du thust, bestrafen
und belohnen.
Kein menschliches Geschöpf mag sich
davon befreyn,
Kein Rang entschuldigt dich; die Pflicht
ist allgemein.

Nicht Erz, das Roſt verzehrt, nicht
Blätter, die veralten,
Kein Stein hat dieſs Geſetz dem Men-
ſchen aufbehalten!
Der Allmacht Tochter grub, mit ewig
lichter Schrift,
Es in die Seelen ein, die nie Verwe-
ſung trifft.
Ein ewiges Geboth, darinn ich wan-
deln müſste,
Wenn, *) welches ferne ſey! ich auch
von Gott nichts wüſste.
Nicht glauben, macht dich nie von
dieſer Regel frey;
Doch wiſſe, Sterblicher! daſs ſie auch
göttlich ſey.

Längſt vor dem Anbeginn der Wel-
ten und der Zeiten
Saſs auf der Allmacht Thron der Herr
der Ewigkeiten.

*) *Hug. Grot. in Proleg. de Jure
Belli & Pac. Et haec quidem lo-
cum aliquem haberent, etiamſi da-
remus, quod ſine ſummo ſcelere
dari nequit, non eſſe Deum &c.*

Die Weisheit ſtand vor ihm; entwi-
　　　　kelt lag allhier
Der Dinge Möglichkeit, ihr Weſen,
　　　　Gott! vor dir.
Der Zukunft dunkles Buch lag vor dir
　　　　aufgeſchlagen;
Du ſahſt der Menſchen Thun, die noch
　　　　im Nichtſeyn lagen,
Und ihrer Werke Frucht, das Gut und
　　　　Böſe, war
In deinem Buch verfaſst, und dir,
　　　　o Ewger! klar.
Und alſo war zugleich, ſchon vor der
　　　　Zeiten Morgen,
Dir der Natur Geſetz und Ordnung un-
　　　　verborgen.

Du ſprachſt; da ward die Welt: der
　　　　freye Menſch begann.
So fort trat die Natur ihr Amt mit Ei-
　　　　fer an,
Und gab ihm das Geſetz, das ſie, o
　　　　Quell der Dinge!
Zuerſt von dir erhielt, daſs es der
　　　　Menſch empfienge.
Begreife dich demnach, du ungelehr-
　　　　te Zunſt;

Du läßerst die Natur , und schmähst
auf die Vernunft,
Du greifft den Himmel an ; gebeuth
doch deinem Grimme :
*Die Stimme der Natur ist deines Got-
tes Stimme.*
_*) Er selber ändert nie die Vorschrift
der Natur,
Gott ist Vollkommenheit, und will das
Gute nur.

Beglückte Sterbliche ! verehrt des
Schöpfers Güte,
Der euch von Herzen liebt. Sein zärt-
liches Gemüthe
Verband mit eurem Thun ein Uebel
oder Gut;
Damit ihr jenes haßt, und dieses wil-
lig thut.
Wie Väter dieser Welt der Kinder Wil-
len neigen ,
Den Frommen Gutes thun, den Trotz
durch Schläge beugen :
So lohnt und straft auch Gott. Dem
Stolz folgt bittre Schmach ,

*) *Grot. l. I. e. 1. §. 10.*

Die Unruh auf den Geiz, dem Zorn
    die Reue nach:
Ruhm lohnt die Tapferkeit, ein fröh-
    lich Herz den Weisen;
Die Arbeit macht uns stark, die Mäs-
    sigkeit zu Greisen.

Auf dünnen Fittigen fliegt, wie von
    ohngefähr,
Ein leichter Geist um uns, und in der
    Welt daher.
Ein Ball, den unter ihm behende Wir-
    bel drehen,
Läst ihn auf einem Ort nur selten stille
    stehen.
Er naht den Schlafenden, und weicht
    vor dem zurück,
Der wachend nach ihm greift: sein Na-
    men heist das Glück.
Herr von Geburt und Gut, läst seine
    Hand auf Erden,
Den, einer Fürstinn Sohn, den, ei-
    ner Bäurinn werden:
Tritt Völker in den Koth, und hebt
    der Völker Haupt,
Giebt Bettlern den Palast, den es dem
    Reichen raubt.

Es rettet oft im Sturm, es hilft dem
      Feldherrn fiegen,
Und wirft uns *Schätze* zu, die längft
      vergeßen liegen.

Doch eben diefes Glück verkehrt
      durch fchnelle Glut
Paläft' in dünnen Staub, und eine Stadt
      in Schutt;
Verfenkt ein ftolzes Land mit reichen
      Unterthanen
In wilder Ströme Fluth, in Schlünde
      der Vulkanen.
Es mifcht in unfer Thun fich öfters
      diefes Glück:
Was Jahre nicht gethan, das thut ein
      Augenblick.
Es läfst den fauren Weg, den Weni-
      ge vollenden,
Den Weg zu Ehr und Gut, uns in
      zwo Stunden enden;
Und langer Jahre Frucht, den kärg-
      lichen Gewinn,
Der wachen Väter Schweifs nimmt oft
      ein Abend hin.

O! was dir widerfährt, du fterbli-
      ches Gefchlechte!

Kömmt nicht von ohngefähr. Vernimm
der Gottheit Rechte:
Kein blinder Zufall ifts, der dir den
Weg vertritt,
*Das Glück entfpringt von Gott, er
lohnt und ftraft damit.*
Dieß war des Weifen Schluß, der mit
forgfältger Treue,
Im Reich der Ewigkeit, die ungeheu-
re Reihe
Der Ding' und Folgen knüpft, und
völlig überfieht:
Er weifs von Anfang her, was jeden
Tag gefchieht.
Der Kette diefer Welt, die Nebel uns
verhüllen,
Flocht er das Glück mit ein, und fchuffs
nach feinem Willen.
Daß es zu feiner Zeit, dem Böfen zum
Verdrufs,
Der Tugend oft zum Troft, fich fchnell
erregen mufs.
So hat der Welten Herr die Glücks -
und Unglücks - Stunden
Als Strafen oder Lohn, mit unferm
Thun verbunden.

t Du , o du kleine Schaar, darinn
der Wahrheit Licht
Entwölkt und immer fcheint, bedarfſt
der Strafen nicht.
Freywillig, fo wie Gott, liebſt du Voll-
kómmenheiten ;
Und weil Untugenden mit deinem We-
fen ſtreiten ,
So ekelt dir davor. Den ungezähmten
Wahn ,
Den die Vernunft nicht beugt , treibt
Stock und Geiſſel an :
Wie das unbändge Roſs der Peitſche
Knall erſchrecket ,
Und Prügel oder Stoſs den trägen Efel
wecket.
Sollt ich nicht gerne thun , was die
Natur gebeuth ?
Ihr Werk iſt ja mein Wohl, und die
Vollkommenheit ,
Der ich hier fähig bin. Sie hat mir
aufgegeben ,
Auf diefen Zweck zu fehn , auf ihm
beruht mein Leben.
Sie weifet mir ein Recht zu allen Mit-
teln an ,
Dadurch ich ihn allhier für mich er-
halten kann.

Kein andrer ist befugt, darinnen mir
zu wehren,
Sonst würde die Natur ihr eignes Werk
zerstören.

Vom Kinderspiel *) entwöhnt, be-
trat ein künftger Held,
Der junge Herkules, die ihm noch
fremde Welt.
An einen wüsten Ort führt ihn der Göt-
ter Wille:
So weit das Auge trug, herrscht eine
leere Stille.
Das unbewachsne Feld bedeckte tiefer
Sand;
Zween Wege giengen durch, zur recht
und linken Hand.
Der eine Weg war schmal, und gieng
nach steilen Höhen;
Der andre breit, bequem, und reizend
anzusehen.
Von diesem nahte sich ein junges Wei-
besbild,
Leichtfertig aufgeputzt, von Ansehn
stolz und wild,

*) *Cicero de Offic. l. I. c.* 32.

Von fern ein fchön Geficht, das feine
    Schminke deckte,
Der Anzug frey und bunt, der voller
    Flittern fteckte.
Ihr Gang war fchnell und frech: von
    weitem rief fie fchon:
Komm, wandle meinen Weg, Alkme-
    nens fchöner Sohn!
Er wird dich lebenslang auf frifchen Ro-
    fen führen,
Ohn Arbeit, ohne Schmerz. Was dei-
    ne Sinne rühren,
Was dich ergötzen kann, das findeft
    du allhier:
Scherz, Ruhe, Liebe, Wein. Komm,
    Jüngling! folge mir!
Ich bin die Wolluft felbft. Begehrft
    du güldne Tage,
So fuche fie bey mir; ich halte, was
    ich fage.

Indem fie das noch fpricht, kömmt
    mit bedachtem Schritt
Noch eine Jungfrau her, die ihr zur
    Seite tritt.
O Mufe, zeichne mir das Bild der äch-
    ten Tugend!

R. d. V.   B

Ihr redliches Geficht , gefchmückt mit
  Zucht und Jugend ;
Der Augen heitern Blick , daraus der
  Himmel lacht ;
Die göttliche Geftalt , das Kleid , ohn
  eitle Pracht ,
Doch weiffer als der Schnee ; ihr freund-
  liches Betragen.
So fah fie diefer Held. Was wird fie
  zu ihm fagen ?

Die Götter , fagte fie , die Götter
  fenden mich ,
O theurer Herkules , an ihren Sohn ,
  an dich.
Ich komm' und rathe dir , den fchma-
  len Weg zu wählen :
Es ift ein rauher Weg , was follt ich
  es verhölen ?
Allein , fein End ift füfs ; durch Arbeit,
  Müh , und Streit
Führt er zum höchften Gut , zu der
  Vollkommenheit:
Auf ! Jüngling es ift Zeit , Geduld und
  Muth zu zeigen.
Wer auf den Gipfel will , mufs erft den
  Berg erfteigen.

Nie ward ein Lorberkranz des faulen
Schläfers Preis:
Und tugendhaft zu feyn, erfodert mun-
tern Fleifs.
Sucht du der Götter Huld, fo mufst
du fie verehren;
Haft du die Weisheit lieb, fo mufst
du Weife hören;
Mit aufmerkfamen Aug oft in dein Inn-
res fehn,
Dem Sturm der Leidenfchaft mit Nach-
druck widerftehn.
Soll dir die Erde Brod und edle Früchte
bringen,
So mufs dein fchwerer Pflug erft ihren
Schoofs durchdringen.
Suchft du des Nächften Gunft, fo thu,
was ihm gefällt.
Verlangft du Lob und Ruhm, fo fey
zuvor ein Held.

Das Weib, die mit dir fprach, und
fich die Wolluft nennet,
Die ift das Lafter felbft, das kein Ge-
fetze kennet.
Zur Hölle führt ihr Weg. Verzweif-
lung, Kummer, Hohn,

B 2

Und täglich neue Pein, ist ihrer Scla-
      ven Lohn.
Man sieht sie Blinden gleich, *) von
      einem Pful zum andern,
Besudelt und verstockt, zum sichern
      Tode wandern.
Nie hatte die Natur was reizendes für
      sie;
Was gut, was löblich war, das kam
      von ihnen nie.
Mir sind die Götter hold, mich müs-
      sen Völker preisen;
Ich mache Wilde klug, und Sterbliche
      zu Weisen.
Durch mich sind Fürsten gross; ich bin
      des Armen Trost,
Und meine Gegenwart versüsst des
      Landmanns Kost.
Gesund, vergnügt, beglückt sind alle,
      die mich lieben:
Und alle, die sich gern in meinem
      Umgang üben.

So sprach der Göttinn Mund; der
      Jüngling ward gerührt,
Und gieng den engen Pfad, wohin die
      Tugend führt;

*) *Wolfs Moral. cap. 2. §. 48.*

Warf Löwen unter sich, und ward durch
   Heldenthaten
Den großen Göttern gleich. O Men-
   schen, laßt euch rathen,
Und folget, wie der Held, der edlen
   Tugend Spur!
Ihr Gang ist die Vernunft, ihr Wan-
   del ist Natur.
Sie wird dich in ein Land, reich an
   Vollkommenheiten,
Wo sanfter Frieden herrscht, mit treuer
   Weisung leiten.

Das Land der Seligen füllt reine
   Himmelluft,
Der Frühling schmückt die Höhn, und
   malt der Thäler Gruft,
Ein nie vergangner Tag bestralt die
   grünen Auen,
Und läßt, bey jedem Blick, uns neue
   Schönheit schauen.
Ein klein und stilles Volk wohnt hier
   in tiefer Ruh,
Es folget der Natur, sieht ihren Wun-
   dern zu.
Sein aufgeklärt Gesicht, die lächelnde
   Geberde,

Zeigt, dafs es glücklich fey, und im-
    mer felger werde.
Gebirge, die der Thor unüberfteiglich
    fand,
Verbiethen dem Verdrufs den Eingang
    in diefs Land,
Wo banger Kummer nie der Seele Frie-
    den fchwärzet,
Der Ekel nie fich zeigt, und Unfchuld
    ficher fcherzet.
Ein fterblicher Gefang erfchöpft die
    Wolluft nie,
Die diefes Land gebiert; die Seelen
    fühlen fie.
Hier fteigt kein Seufzer auf, hier hört
    man keine Klagen,
Die Freud' hat ihren Sitz hier ewig
    aufgefchlagen.
Hier ift das höchfte Gut, der frommen
    Tugend Frucht,
Das ftolzer Muth in Pracht, im Gold'
    ein Geizhals fucht,
Der Trunkenbold im Wein. Verblen-
    dete Gemüther!
Verlafst das Schattenwerk, und fuchet
    wahre Güter.
Und rührt euch nicht die Luft, womit
    die Tugend lohnt,

So wiſſet, daſs in euch ein ſtrenger
Richter wohnt.
Auch die Geſalbten ſtehn vor ſeines
Richtſtuhls Schranken;
Gewiſſen heiſst ſein Nam; es ſtraft auch
die Gedanken.
Taub gegen Schuldige, verwaltet es
ſein Amt.
Beklagenswürdige! die deſſen Spruch
verdammt.

Ein unſichtbarer Wurm durchnagt
ihr Eingeweide.
Unfähig alles Troſts, beraubt der ſüſ-
ſen Freude,
*) Schreckt ſie der ſchwächſte Blitz,
und jeder Donnerſchlag,
Der durch die Wolken rollt, als käm
ihr letzter Tag.
Ihr Biſſen quillt im Mund'; aus ſchim-
mernden Pokälen

*) *Juvenal. Sat. XIII. v. 223.*

Hi ſunt, qui trepidant, et ad·om-
nia fulgura pallent,
Cum tonat, exanimes, primo quo-
que murmure cœli.

B 4

Steigt Gall im Wein empor, fie bey
der Luft zu quälen *).
Oft jagt ein fchlechtes Wort, ein ohn-
gefährer Scherz
Die Farb in das Geficht, den Aufruhr
in das Herz.
Ihr Leben ift die Höll; und die ver-
borgne Strafe
Folgt ihnen auf der Streu, und brennt
fie auch im Schlafe.
Was hilfts auch, wenn vielleicht, durch
füffen Traum geäfft,
Der Richter müffig fitzt, und das Ge-
wiffen fchläft?
Zur Pein der Sicherheit wird es ein-
mal erwachen,
Und für die alte Schuld ein fchärfres
Urtheil machen.

Wohl dem! wer ohne Furcht vor
diefem Richter fteht,
Und, ledig von der Schuld, aus fei-
nen Augen geht.
So fanft rührt uns kein Weft in fchwü-
len Sommerftunden;

*) *Lucret. l. 4. v.* 1128.

So füſſe Stärkung hat kein Durſtender
empfunden,
Wenn ihn ein Trunk erfriſcht; ſo freu-
dig iſt kein Held,
Der ſich, des Siegs gewiſs, dem Feind'
entgegen ſtellt.
Es ſchwärze ſich die Luft mit feuer-
ſchwangern Wettern,
Der Himmel waffne ſich, die Erde zu
zerſchmettern,
Der Abgrund ſtehe bloſs, wenn alles
kracht und bricht
Und in einander ſtürzt: die Unſchuld
bebet nicht.

Nur hüte dich, o Menſch! daſs nicht
dein Richter irre,
Noch blindes Vorurtheil den innern
Schluſs verwirre.
Oft ſtehn bey deinem Thun die Wage-
ſchalen gleich;
Der innre Richter ſchweigt. Derglei-
chen Handlung fleuch!
Die zweifelhafte That wird ſichrer un-
terlaſſen;
Sie könnte böſe ſeyn! dann müſsteſt
du ſie haſſen.

B 5

Gewissenloser Schwarm! ihr schmelzt
des Armen Gut,

Ihr lüget, schändet, raubt, verläum-
det, scherzt mit Blut.

Vergebens ruft und zeigt euch Buben
das Gewissen

Den Ausschlag des Gewichts: ihr tre-
tet es mit Füssen.

Den Leidenschaften treu, folgt ihr der
Lüfte Traum,

Und gebt, den Säuen gleich, der Sin-
ne Kützel Raum.

O was bereitet ihr euch selbst für bittre
Schmerzen!

Ihr tragt in euch den Wurm, die Fol-
ter in dem Herzen.

Zweytes Buch.

Im Stande der Natur war weder Thron
    noch Reich,
Die Menfchheit lebte frey, und war
    einander gleich.
Von einem Stamm erzeugt, und Bür-
    ger einer Erde,
War jeder Menfch fein Herr, und Fürft
    von feiner Heerde.
Noch fchlief die Majeftät, die Macht,
    die Völker zwang,
Auf eines Wink zu fehn: es fchliefen
    Würd und Rang.

Nur Bosheit war ein Grund des all-
    gemeinen Tadels.
Der prächtige Begriff des angebohrnen
    Adels
War damals nicht im Brauch: der Tu-
    gend gab man Lob;

B 6

Nicht der, dadurch fich fonft der Ael-
ter-Vater hob.
Noch hätte *Drako* nicht fein blutig
Recht gefchrieben;
Noch drohte kein Gericht den Mördern
oder Dieben;
Der freffende Procefs, die Steuren
durch das Land,
Der Frohndienft und Soldat, die wa-
ren unbekannt.

Die einzige Vernunft war Richterinn
im Lande,
Und lehrte das Gefetz der Menfchen
freyem Stände.
Und diefs ift das Gefetz, dem ihr euch
nie entzieht,
Wenn ihr, o Menfchen! gleich in Burg
und Städte flieht:
Es müffen unter ihm der Erde Völker
ftehen,
Den Strafen der Natur kann auch kein
Fürft entgehen.
Der Staaten Ordnung reifst nie euer
Wefen ein:
Drum eh ihr Bürger heifst, fo lernet
Menfchen feyn!

Was eure Seele fchmückt, was Leib,
      und Stand, und Leben
Vollkommner machen kann, dem eilet
      nachzuftreben!
Gebt nie dem tollen Wahn des dum-
      men Pöbels Statt,
Der feinen Bauch zum Gott, und keine
      Seele hat.

Auch deren Schwachheit flieht, die
      Haus und Hof verfchenken,
Und, wenn fie betteln gehn, vor Gott
      zu pralen denken.
Was die Natur erlaubt, das weichet
      dem Geboth;
Und das Geboth zerrinnt, wenn fie mit
      Strafen droht *).
Die Pflichten gegen uns, find uns zu-
      erft gegeben,
Und eh der Nächfte lebt, mufs ich erft
      felber leben:
Ich lieb ihn, als mich felbft; doch auch
      nicht mehr, als mich,
Sonft wäre ja fein Recht dem meinen
      hinderlich.

*) *Wolfs Grundfätze des Natur-*
   und Völkerrechts, §. 64.

Hier blutet mir das Herz. Man will
den Freund erschlagen:
Soll mir ein mürrisch Recht verbiethen,
mich zu wagen?
O nein! so fern mein Arm ihm wirk-
lich helfen kann,
So wag ich Leib und Blut mit frischem
Muthe dran.
Nie wolle mich dahin ein herbes Schick-
sal führen,
Wo eine strenge Pflicht mich zwingt,
ihn zu verlieren.

Indessen ruft der Geiz: Geld ist die
erste Pflicht!
Im Beutel steckt Verstand; das Wissen
sättigt nicht!
Erwirb ein Rittergut; das andre wird
sich geben:
Wer Geld hat, der ist klug, hat Tu-
gend, weiss zu leben.
O schweig, Unseliger! dich reizt der
Güter Lust,
Da du noch nicht verstehst, wie du
sie brauchen musst.
Erforsche dich erst selbst, und prüfe
deine Kräfte,

Eh dich ein wilder Trieb an äufsre
    Dinge hefte.
Ergründe Seel und Leib, den Stand,
    darinn du bift;
Und überlege dann, was dir noch nö-
    thig ift;
Wie viel Vollkommenheit dir die Na-
    tur gegeben,
Und nach wie mancher du noch fähig
    feyft zu ftreben.
Hier häuchle dir nicht felbft: Verluft,
    Gewinnft find dein;
Ein ewig Wohl und Weh wird die Be-
    lohnung feyn.

Zu dem Unmöglichen find Menfchen
    nicht verbunden;
Doch wird, durch muntern Fleifs, das
    Schwerfte leicht befunden.
Die Wirkung unfers Geifts macht uns
    fein Wefen kund;
Diefs lehrt der Philofoph, durch ihn,
    der Wahrheit Mund.
Vor ihm allein ift nur das Wefen un-
    verfiegelt,
Das felbft fein Dafeyn fühlt, darinn
    die Welt fich fpiegelt.

'Die Kunſt des Hippokrats, nebſt der
Erfahrung Licht,
Entdeckt der Glieder Bau, und lehrt
des Leibes Pflicht.
Auch deine Mängel ſelbſt vergiſs nicht
aufzuſtechen;
Aus dem, was andern fehlt, erlerne
dein Gebrechen.

Was für ein Anblick! Gott! was
muſs ich vor mir ſehn?
Zwey Ungeheuer finds, die mir im
Wege ſtehn:
Dem einen fehlt ein Aug, und eins
iſt blind gebohren.
Es ſtrotzt ihr Drachen-Haupt mit lan-
gen Midas-Ohren,
Ihr Schnauben übertäubt die Stimme
der Natur,
Des giftgen Rachens Dampf verhüllt
der Wahrheit Spur.
Unwiſſenheit und *Wahn!* wie ſoll ich
euch vermeiden,
Des Falſchen Abgrund fliehn, und
Wahrheit unterſcheiden?
Hier führt mich der Verſtand. Sein hell
und himmliſch Licht

Macht, dafs ich deutlich feh, und mei-
ne Zunge fpricht.

Der göttliche Verftand, das Eigen-
thum der Geifter,
Der Ueberlegung Quell, der Wiffen-
fchaften Meifter:
Gefchwinder, als der Schall, und fchnel-
ler, als das Licht,
Durchläuft fein Blick die Welt ; die
Erde fafst ihn nicht.
Er fenkt fich in die Tief, und von dem
Grund der Meere
Steigt durch der Himmel Raum fein
Flug zur höchften Sphäre !
Mifst fremder Sterne Bahn, und un-
fichtbaren Lauf,
Durchforfcht der Welten End und
fchwingt zu Gott fich auf.
Kein Abgrund, kein Gebirg fetzt dem
Verftande Schranken:
Auch felbft die Seelen find, du Schö-
pfer der Gedanken,
Nicht unfichtbar vor dir ! Du fiehft der
Dinge Grund,
Zeigft mir der Wahrheit Thron, und
öffneft meinen Mund.

Wie Körper, die entfernt im Schatten
   sich verlieren,
Durch ein geschliffnes Glas uns nah
   und kenntlich rühren:
So macht auch ein Verstand, den Fleiſs
   und Uebung schliff,
Die Dunkelheit zum Licht, und hei-
   tert den Begriff.

Drum schärfe den Verstand, ver-
   gröſsre seine Klarheit,
Und dringe kühnlich fort ins Heilig-
   thum der Wahrheit;
Wer sich des Lernens schämt, der bleibt
   ein blöder Mann:
Such alle Wissenschaft, die dir nur
   werden kann.
Auch keine Kunst verschmäh, die dir
   dein Stand erlaubet,
Und dir oft helfen muſs, da du es nicht
   geglaubet.
Das Wissen theilet sich nach Ständen
   mancher Art;
Viel lernt der Bauer nicht, das Aerz-
   ten nöthig ward.
Flieh nur aus Faulheit nie die Kennt-
   niſs andrer Lehren,

Als ob zu deinem Zweck ſie dir ent-
    behrlich wären:
Wozu du Kräfte haſt, was Zeit und
    Ort verleihn,
Das nimm begierig mit; es wird dich
    nimmer reun.

Vielleicht, daſs dieſes einſt, was du
    für Tand geſchätzet,
Dein ganzes Glück gebiert, und dich
    zu Ehren ſetzet.
Vor allem lerne, Menſch! was gut
    und böſe ſey!
Hier ſpricht Unwiſſenheit dich nie von
    Schmerzen frey.
Was unvermeidlich war, entſchuldigt
    das Gewiſſen:
Du ſahſt dein Unglück nicht, und den-
    noch muſst du büſſen.
Der Sieger Aſiens trinkt Gift für ſüſ-
    ſen Wein;
Unwiſſenheit mag ihn vom Tode nicht
    befreyn.
Für Wild ſchiefst *Cephals* Pfeil im Buſch
    die Liebſte nieder:
Der arme *Cephal* irrt; doch *Prokris*
    kömmt nicht wieder.

Mit zwoen Schweſtern iſt, auf der
erſchaffnen Welt,
Von alten Zeiten her, das Regiment
beſtellt.
Die Weis- und Thorheit ſinds; zwo
groſſe Herrſcherinnen.
Die ein' iſt ordentlich: ihr Handel und
Beginnen
Iſt ohne Zwecke nie, die in Verbin-
dung ſtehn,
Und alle mittelbar auf einen Haupt-
zweck gehn.

O Weisheit! Gottes Rath! Kaum
war die Welt geronnen,
Da prieſen dich bereits die neu erſchaffnen Sonnen.
Den Riſs des weiten Raums, der dieſes All umſpannt,
Die Gleiſen jeden Sterns entwarf erſt
deine Hand.
Du halfſt dem Ewigen den Teig der
Monden runden,
Die Zeiten maſſeſt du, beſtimmteſt Tag
und Stunden;
Du grubſt die Tiefen aus, darinn das
Meer ſich hält:
Nach deinem Grundgeſetz beweget ſich
die Welt:

Luft, Erde, Menfch und Vieh, der Baum
mit Laub und Zweigen,
Der Wurm, das kleinfte Gras, find
deiner Einficht Zeugen.
Nur von den Menfchen wird dein Zep-
ter fchlecht verehrt,
Davon der gröfste Theil der Thorheit
Reich vermehrt.

Hier herrfcht die Unordnung, und
ein verkehrt Betragen;
Ohn' Abficht fpannt ein Thor die Pfer-
de hintern Wagen;
Sucht Reichthum und ift faul; ftreicht
Gift auf feinen Schwär:
Sein Thun beftätiget die Fabel von dem
Bär, *)
Der feinen Freund erfchlug, um Flie-
gen abzuwehren.

O Thorheit, kindifch Werk! wie,
dafs dich Menfchen hören?
Wer der Natur gehorcht, und wahrer
Tugend Sold,
Das höchfte Gut, begehrt, der ift der
Weisheit hold.

*) *La Fontaine P. III. liv. 2.
Fable X.*

Sieh eines Meisters Uhr, den Um-
    schwung ihrer Räder;
Eins treibt das andre fort, und alle
    treibt die Feder.
Mit Theilen mancher Art ist ihr Ge-
    bäud erfüllt,
Zu gleichem Zweck der Uhr. Sie ist
    des Weisen Bild.
Nichts thut er ohne Grund: mit unver-
    wandtem Blicke
Sieht er bey jedem Schritt auf seinen
    Zweck zurücke.

O Klugheit! leite mich und hilf mir
    weise seyn,
Wenn tausend Dinge mich in meinem
    Lauf zerstreun,
Daß, im Tumult der Welt, die halb-
    betäubte Seele,
Nicht zaghaft zum Entschluß, die be-
    sten Mittel wähle;
Bis das, was dein Verstand erst weis-
    lich überdacht,
Ein wohlgewagter Schritt mit Vorsicht
    wirklich macht.
Gelegenheit und Zeit bedeckt ein leicht
    Gefieder;

Klug ift, wer fie ergreift; fie kommen
nimmer wieder.

So wie ein Schiffer forgt, eh er, von
Hülf entblöfst,

Sich und fein fchwimmend Haus ins
weite Weltmeer ftöfst.

Wie oft bedenkt er nicht die Abficht
künftger Reife,

Die Weite feiner Fahrt, der wilden
Völker Weife :

Befichtigt Schiff und Gut, und überlegt
dabey,

Ob es auch ftark genug zu diefer Kühn-
heit fey ?

Auf jeden Fall verfehn, gerüftet zu
Gefahren,

Mit Ankern für den Sturm, mit Waf-
fen für Korfaren,

Mit Speife für das Volk, wagt er den
fichern Lauf,

Und zieht hey gutem Wind die Segel
fröhlich auf.

Glückfelig ift der Menfch, den Weis-
und Klugheit führen !

Sein Leitftern geht ihm vor, er wird
ihn nie verlieren.

Gehorſam ſeiner Pflicht, flieht er, was
ſie verbeut,
Und alles, was er thut, geht auf Voll-
kommenheit.
O Erdenkinder! kommt, und lernt aus
treuer Lehre,
Was zur Vollkommenheit in jedem Fall
gehöre *).
Erkenntniſs! was iſt dir an Gröſs und
Umfang gleich?
Hier öffnet ſich vor mir der Geiſter
dunkles Reich.

Dort tritt ein ſchimmernd Heer in
Arten und Geſchlechten,
Die Kinder der Natur, in Schaaren
mir zur Rechten.
Wind, Feuer, Feld und Meer, Stein,
Pflanzen und Metall,
Fiſch, Vögel, Thier und Wurm, ruft
mit vereintem Schall:
„Deſshalben ſind wir da, um zu den
frohen Tagen,
„Und zur Vollkommenheit des Men-
ſchen beyzutragen.

*) *Wolfs Moral.* §. 146.

O Meer der Wiſſenſchaft, wer hat dich
je umſchifft?
Der fertigſte Verſtand, ein Witz, der
blindlings trifft,
Erfahrung grauer Zeit, was können die
nicht finden?
Und dennoch fehlt noch viel, eh ſie
dich ganz ergründen.

Ihr, deren treue Hand das Wachs
der Jugend drückt,
Macht ſie, von Kindheit auf, zur Acht-
ſamkeit geſchickt.
Sucht ihr den Unterſchied in den vor-
handnen Dingen,
Und ihrer Glieder Bau und Ordnung
beyzubringen.
Fangt von dem Leichten an, ein Bild,
ein ſaubrer Stich
Macht ihre Neugier reg, hält Lehr und
Luſt in ſich.
Was gut und böſe ſey, das lehrt ſie
zeitig nennen:
Lehrt ſie der Tugend Gold, des La-
ſters Gift erkennen.
Bloß die Unwiſſenheit erzeugte den
Barbar,

R. d. V.   C

Stiefs Alterthümer um , bewehrte den.
Korfar , *)

Hiefs *Kunigundens Fufs* den heiſſen
Pflug betreten , **)

Und Menſchen voll Vernunft zu Holz
und Steinen bethen.

Sie ſchliff. das Märtrerſchwert , und
brachte Chriſten um ;

Macht' ihren Leib zu Staub , den Staub
zum Heiligthum.

Es herrſcht was ähnliches in den er-
ſchaffnen Dingen ;

Diefs lehrt uns der Verſtand mit Fleifs
in Eines bringen.

Geläuterter Begriff ! Du reinigſt den
Verſtand ;

Dein Feuer löſt in mir der ſchweren
Zunge Band.

*) Beſiehe *Pokoks* Beſchreibung des
Morgenlandes, 2. Theils, 2. Buch,
6. Kap. 169. §.

**) *Camerar. Hor. Subciſv. Cent. II.
cap.* 24. *Vid. leg. Longob. lib. I.
tit.* 10. *l.* 3. Sächf. Landrecht *lib. I.
art.* 39.

Des Ausdrucks Deutlichkeit bewähret,
was wir wissen,
Und Weise zeigen sich in Worten, wie
in Schlüssen.
Ein gründlicher Verstand ist eines je-
den Pflicht;
Nach Regeln denkt der Mensch, und
seiner Seele Licht
Nimmt mit den Jahren zu. Diess brach-
te jenen Greisen,
Die Griechenland verehrt, den Ruhm
der sieben Weisen.
Doch ihr, die Fähigkeit und Glück,
ein seltnes Paar,
Zu höhern Dingen schuff, nehmt eures
Rufes wahr!
Euch heisset die Natur, allein mit küh-
nen Schwingen,
Als *Newtons* künftger Zeit, zum Thron
der Wahrheit dringen.

Der Wahrheit Tempel trägt ein
Fels, den dicke Nacht,
Die seinen Fuss umhüllt, dem Pöbel
dunkel macht.
Man steigt zur obern Höh auf glatten
Marmor - Tritten,

C 2

Darauf viel Taufende voreilig ausge-
    glitten,
Und in den Sumpf geftürzt; wo einen
    Theil der Welt
Ein Drache, *Wahn* genannt, in fin-
    ftern Ketten hält.
Das Haus der Göttinn ruht auf unzer-
    ftörbarn Säulen,
Von hellem Diamant, die alle Nacht
    zertheilen.
Erfahrung und Vernunft ftehn an dem
    goldnen Thor,
Ein göttlicher Gefang ertönt im innern
    Chor.
Ein himmelblaues Rund umfchliefst den
    Thron der Wahrheit,
Ihn deckt geläutert Gold, und himm-
    lifchreine Klarheit
Erfüllt des Tempels Raum; die Seele
    fühlt diefs Licht,
Sie fühlt und wird entzückt: der Zwei-
    fel quält fie nicht.

Die Göttinn! O welch Bild! In ih-
    ren Händen funkelt
Ein fpiegelnder Kryftall, der nimmer
    fich verdunkelt.

Hierinnen zeigen sich die Dinge, wie
    sie sind,
Der Grund defs, so geschieht; und hier
    begreift ein Kind,
Worüber kummervoll sich die Gelehr-
    ten quälen :
Den Quell der Ebb' und Fluth, das
    Wesen freyer Seelen,
Der Elemente Stoff, die Kraft, die
    Sterne dreht,
Den Ring um den Saturn, die Wun-
    der im Magnet.
Die Wahrheit selbst ist blofs; die Fa-
    bel steht zur Seiten,
Die ihren Schleyer trägt. In gleich ent-
    fernten Weiten
Sieht man die Weltweisheit und Mefs-
    kunst neben ihr,
Und Künste mancher Art auf Stülen
    von Porphyr.
Die Priester knien vor ihr mit halb-
    geschlofsnen Augen,
Weil sie der Göttinn Glanz nicht zu
    ertragen taugen.

Ihr Götzen dieser Welt! Gold, Ehre,
    Liebe, Wein,

Verſchwindet wie ein Rauch: die Wahr-
    heit bleibt allein.
Palläſte, Freund und Gut kann Un-
    glück mir entreiſſen,
Nur meine Wiſſenſchaft, die ſoll mein
    Erbgut heiſſen.

Du aber, Wahrheitsfreund! hab auf
    dich ſelber Acht,
Ob deine Wiſſenſchaft dich auch zum
    Weiſen macht?
Erkenntnifs iſt ein Schatz: laſs ihn nicht
    müſſig liegen,
Wend ihn zum Guten an, zum ewi-
    gen Vergnügen.
Du kennſt der Seele Kraft, und was
    den Leib beſchirmt,
Da jene boshaft iſt, und dieſer in ſich
    ſtürmt.
O groſſer Philoſoph! kehr in dich ſel-
    ber wieder,
Steig aus der Wahrheit Höh ins Thal
    der Tugend nieder.
Was nützt dir dein Verſtand, wenn
    du, voll giftger Liſt,
Im Wiſſen Engeln gleich, im Thun
    ein Teufel biſt?

Wenn Deutlichkeit und Licht in dir
      sich mehr vergrößern:
So brauche sie dazu, den Willen zu
      verbeßern.

O Willen! Du Beweis von meiner
      Ewigkeit!
Nie müßig, immer wach, zu wirken
      stets bereit,
Bald thierisch, bald Vernunft; du Quell
      von Haß und Liebe,
Von Unlust, und von Lust; du Vater
      aller Triebe!
Itzt Abscheu, itzt Begier, das Werk-
      zeug unsers Thuns;
Nur der Erkenntniß Licht veredelt dich
      in uns.
Ein deutlicher Begriff von Uebeln und
      von Gütern,
War jederzeit ein Reiz in menschlichen
      Gemüthern,
Das Gute gern zu thun, das Böse schnell
      zu fliehn;
Exempel und Vernunft! Ihr zwey, ge-
      bähret ihn.

C 4

Vernunft entdecket uns der Dinge
wahres Wesen;
Doch wenig haben sie zur Freundinn
auserlesen.
Der Pöbel läfst sein Pfund im Schweifs-
tuch müffig ruhn;
Was da Vernunft nicht kann, das mufs
das Beyspiel thun.

Du Lehrerinn der Welt, Erfahrung,
Sporn der Blöden,
Wie überzeugend kann dein Mund zu
Menschen reden!
Beweife hätten nie den Tufcier *) be-
wegt,
Dem Feinde **) zu verzeihn, der fei-
nen Grimm erregt.
Die Fauft, die vor ihm brennt, die
ftarrenden Gelenke,
Die überführen ihn, wie kühn ein Rö-
mer denke,
Was Rednern nicht gelung, was keine
Predigt that,
Das thut ein Krankenbett, ein Pran-
ger, oder Rad.

*) *Porfena.*
**) *Mucius Scaevola.*

So findt ein Greis Gehör, wo Jüngre
    nichts entfchieden,
Wenn Pylus *Neftor* fpricht, fo fchwei-
    gen die *Atriden.*
Erfahrung ift der Schmuck für ein,be-
    reiftes Haupt,
Und macht, dafs feinem Wort die rohe
    Jugend glaubt.

Erkennet, Menfchen! hier den Nut-
    zen der Gefchichte,
Der Zeuginn grauer Zeit. Vergangnes
    macht fie lichte,
Den Lauf der alten Welt, den Segen
    und den Fluch,
Der Fromm' und Böfe traf, erzählt
    ihr Sittenbuch;
Und wie die Sterblichen feit vier, fünf
    taufend Jahren,
Für Lafter büffeten, durch Tugend felig
    waren.
Nur Ueberzeugung wirkt, was rauher
    Zwang nicht fchafft:
Zwar Sclaven macht der Zwang, nicht
    aber tugendhaft.

Euch, Vätern, fag ich es, euch Füh-
    rern zarter Jugend:

Gewöhnt fie in der Zeit zum Umgang
    mit der Tugend,
Entdeckt ihr ihren Werth, weil nie-
    mand Tugend übt,
Als der fie näher kennt, und recht
    vertraulich liebt.
Zeigt, wie des Lafters Reiz des Men-
    fchen Glück vernichte,
Und rührt ihr junges Herz durch Fa-
    beln und Gefchichte.
Die Lehrart des Aefop hat Völker oft
    gebeugt,
Und, wo kein Drohen half, durch
    Dichten überzeugt.
Den Umfturz jenes Roms, die Tren-
    nung der Quiriten,
Kann *) des Agrippa Witz durch ein
    Gedicht verhüten.
Wie glücklich ift ein Geift, der Bey-
    fpiel und Beweis,
Erfahrung und Vernunft zugleich zu
    brauchen weifs!
Der Tugend Urbild ift ihm in das Herz
    gegraben,
Er fühlet ihren Reiz, er kennet ihre
    Gaben.

*) *Livius lib.* 2. *cap.* 32.

Wo Ueberführung fehlt, da ist der Wil-
len kalt,
Die Lust zum Guten lau: der Mensch
verliert sie bald.

Ihr, die ihr auf dem Pfad der stren-
gen Tugend gehet,
Denkt oft an den Beruf, darinn ihr
alle stehet:
So oft, im goldnen Feld, Aurorens
Purpur - Licht
Den Schatten grauer Nacht mit neuem
Glanz durchbricht;
So fasst das ganze Thun des Tages zu
Gemüthe,
Das ihr euch vorgesetzt, und prüfet
dessen Güte.
Und eh der Abendschlaf die Augen
dunkel macht,
So fragt euch im Vertraun: Wie ward
der Tag vollbracht?
Was hab ich Guts gethan? Welch Bö-
ses unterbrochen?
Hier hab ich was versehn, und dort
zu viel gesprochen.
Wie sanft ist unser Schlaf, so oft wir
dieses thun?

Wie felig läfst es fich nach eigner Prü-
fung ruhn ? *)

Zu fclavifch bücken fich der Men-
fchen feige Herzen
Vor äufsrer Sinne Luft , vor äufsrer
Sinne Schmerzen.
Ihr Kind , die Leidenfchaft, der gräu-
liche Tyrann ,
Beherrfcht den Erdenkreis , legt Heil-
gen Feffel an:
Wenn einer Schönen Blick , durch
Amors Hand geführet ,
Das unverwahrte Herz des heiffen Jüng-
lings rühret :
So finkt Vernunft in Schlaf, die Klug-
heit geht davon,
Die kühne Phantafie fteigt trotzig auf
den Thron :
Beweis, Exempel, Dräun und Bitten
find verloren;
Für feine Schöne nur befitzt er Aug
und Ohren.

Noch geftern fchwur *Silen*., die Völ-
lerey zu fliehn,

*) *S e n e c a* l. 3. c. 36. *de Ira*,

Er scheut den frühen Tod, die Aerz-
te schrecken ihn.
Der Mittag, der ihn noch mit nüch-
term Hirn erblicket,
Führt nasse Brüder her. Der Schenk-
tisch wird geschmücket:
Es blitzt der Trauben Gott aus reine-
stem Kryftall,
Das Oel vom alten Rhein, der Saft
aus Portugal.
Silenus Zunge lechzt; er fühlt des Ba-
chus Säfte,
Eh er sie noch geschmeckt; braucht
seine letzten Kräfte.
Vergebens winkt der Arzt; er lacht,
so oft er winkt,
Bis er, auf andrer Wohl, sich selbst
zu Tode trinkt.
O diente nur sein Tod zur Warnung
für den Erben!
Umsonst! auch dieser wird desselben
Todes sterben.

So facht in *Adelheid* ein kützelnder
Roman,
Von süssen Träumen voll, der Lüfte
Feuer an.

Die Geilheit, die er ihr in feinen Zü-
 gen fchildert,
Erhitzt das junge Herz, und *Adelheid*
 verwildert. *)
Verftopfe, Kind! dein Ohr, wenn die
 Sirene fingt,
Weil ihrer Stimme Gift fo fort zum
 Herzen dringt.
Der Leidenfchaften Art vergleicht fich
 muntern Pferden,
Im Zaume find fie gut; wild, wenn
 fie ledig werden.
Ihr Feuer muthiget den Weifen und
 den Held,
So lange die Vernunft den kurzen Zü-
 gel hält.
Wenn aber ihrem Zaum fie wütend
 fich entriffen,

*) *Memoires de B r a n t o m e, T. II.
p. 55. J'ai connuë une fille de fort
bonne maifon, & grande, vous dis-
je, qui fe perdit, pour avoir oui
raconter à fon mâitre d'ècole l'hi-
ftoire ou plutôt la fable de Tire-
fias &c.*

So füllt ihr braufend Heer das Herz
 mit Finfterniffen;
Es fchwillt der Lüfte Strom, der den
 betäubten Geift
In das gethürmte Meer der bangen Un-
 ruh reifst.

Zwey Wefen guter Art, voll füffer
 Anmuth beyde,
Verlieh uns die Natur: die Hoffnung
 und die Freude.
Die eine giebt uns Muth, und fteigt
 mit uns ins Grab:
Und von der andern hängt die Luft
 des Lebens ab.
O Freude! feltner Schatz! umringt mit
 holdem Scherzen,
Vor dir flieht fchwarzer Gram, du til-
 geft bittre Schmerzen;
Du machft, dafs ohne Kleid der Bett-
 ler jauchzend fpringt,
Dafs der, der Feffel trägt, auch bey
 der Karre fingt.
Die ungeheure Laft von taufend fau-
 ren Tagen
Hilft, mit verjüngter Kraft, ein fröh-
 lich Stündchen tragen.

Kein Elend beißt so sehr, das Freude
nicht verfüßt;
Sie ist die Seligkeit, der hier der Mensch
genießt;
Sie ist des Weisen Schmuck, und wohnt
in seiner Seele,
Es schütze seinen Leib ein Luftschloß,
eine Höle.

O Menschen! lernt die Kunst, euch
immerdar zu freun,
Und wenn ihr das begehrt, so lernet
weise seyn!
Erschreckt vor dem Betrug, und has-
set Zank und Kriegen,
Bereut, was ihr versehn, und schä-
met euch zu lügen.
Liebt andre, wie euch selbst, erbar-
met euch der Noth,
Erfreut der Tugend euch, und hoffet
stets auf Gott.
Sorgt für der Jugend Wohl, lehrt sie
im Flügelkleide,
Den wichtgen Unterschied von wahrem
Schmerz und Freude.
Lehrt sie den Zauberreiz der wilden
Lüfte fliehn,

Kalt gegen Laſter ſeyn, und für die
  Tugend glühn.

Die wilde Regung quillt aus einem
  düſtern Grunde,
Verſnſtert den Verſtand, und haucht,
  mit heiſſem Munde,
Der Seel' ein dunkles Bild des Böſ
  und Guten ein,
Dadurch wir, unbedacht, uns krän-
  ken oder freun.
Doch kaum hat die Vernunft ihr Licht
  uns angezündet,
So klärt der Geiſt ſich auf, und Dunſt
  und Bild verſchwindet.
Oft jagt, bey ſtiller Nacht, des Mon-
  den bleicher Schein,
Ein plötzliches Getös uns kalten Schre-
  cken ein;
Der ſich ſo fort verliert, und oft in
  Spott verkehret,
Wenn uns ein wenig Müh den Grund
  des Schreckens lehret.
Oft bändigt ein Affect des andern Hef-
  tigkeit,
Der Schmerz verſalzt die Luſt, die Freu-
  de dämpft das Leid.

Im Schimmer des Triumphs, im
Schmuck bezwungner Kronen,
Fällt Cäfarn Rom zu Fufs, umringt
mit Legionen.
Ihn ftört in feinem Traum der Krie-
ger höhnifch Lied, *)
Der Vorwurf fchwächt die Luft; des
Stolzes Nebel flieht.

Auch diefes merke dir: Vorausge-
fehnen Pfeilen
Ifts leichter, zu entgehn, als die dich
übereilen.
Wenn dirs nach Wunfche geht, und
wenn dir alles glückt,
So mach auf künftge Noth dich in der
Zeit gefchickt.
Liebft du dein frommes Kind, fo denk'
an feine Baare:
Wirft du im Alter grofs., fo zähle dei-
ne Jahre.
Gefällt dir deine Flur, dein fefter Rit-
terfitz?
Den raubt oft ein Procefs, und die-
fen leicht ein Blitz.

*) *Sueton. in Cæf. Cap. XLIX.*

Denk lebend an den Tod, Vor jähem
   Schmerz und Schrecken,
Der Thoren überrafcht , wird diefer
   Schild dich decken,
Und deine Bruftwehr feyn. Dir Bafi-
   lisken - Brut,
O Zorn! der Menfchheit Schmach, was
   wehret deiner Wuth?
Schnellbrennend Ungeheur, im Augen-
   blick entzündet,
Und oft mit Blut gelöfcht , vor dem
   Vernunft erblindet,
Das Gott und Menfchen trotzt , nichts
   fchäumt , als Gift und Tod,
Und, könnt' es möglich feyn, des Welt-
   baus Umfturz droht;
Verdient des Freundes Scherz , ein
   Wort, dem Mund' entflogen,
Dafs dein Gemüth mit Nacht und Wol-
   ken fich umzogen?

Wer aber bift du denn? du Punkt
   des Erdenballs ,
Vergängliches Infect , und Stäublein
   diefes Alls!
Des Todes fichrer Raub! dafs deiner
   Ehre wegen

Sich Erde, Meer und Glut und Win-
  de sollen regen?
Du bist beleidiget; Gott oft von dir;
  und doch
Verzieht sein Donnerkeil: und, Mensch!
  du zürnest noch?
Fleuch diesen Drachen, Kind! der Ehr
  im Munde führet,
Und Reue, Henkerschwert, Verzweif-
  lung oft gebieret.

Noch hüllt die Leidenschaft sich in
  manch andres Kleid,
Scham, Wehmuth, Liebe, Hafs, Furcht,
  Mitleid, Reue, Neid,
Verzagen, Sehnsucht, Gunst, Verla-
  chen, Ruhmbegierde:
Die letzte tilge nicht, sie ist der Tu-
  gend Zierde;
Sie macht aus Arbeit Lust, und saure
  Müh zum Spiel:
Sie sprach im *Demosthen*, und sang
  in dem *Virgil*,
Erfand im *Archimed*, und siegt' in
  Scipionen,
Mit ihr läfst Tugend sich, doch ohne
  Stolz, belohnen.

Drittes Buch. ‒

Gepriefen fey die Hand, die meiner
  Seele Kleid,
Die Wunderuhr, den Leib, zu ihrem
  Dienft geweiht!
Sein Kunftbau lehret mich, dafs kein
  erzürnt Verhängnifs
Ihn mir zur Strafe gab, zu meines Geifts
  Gefängnifs.
Natur! dein Meifterftück ward nicht
  zu meiner Pein;
Was du fo prächtig fchufft, das foll
  mir heilig feyn.
Mein Leben kömmt von dir; follt ich
  darnach wohl ringen,
In fremder Wefen Reih mich ftürmend
  einzudringen?
Sollt ich mein Mörder feyn? Wann
  Cato fich erfticht,
So feh ich Eigenfinn; den Weifen feh
  ich nicht.

Mein Schickſal kömmt von Gott;
    Geduld hilft mirs ertragen :
Ein ſteter Wechſel droht ſo gut als bö-
    ſen Tagen.
Drum fürchte nie den Tod, doch wün-
    ſche dir ihn nie :
Gott ſchuff der Glieder Pracht; darinn
    erhalte ſie.
Den Bau, zur Abſicht feſt, voll Ord-
    nung ausgeführet,
Den halt in gutem Stand, und ſuche,
    was ihn zieret.
O Kleinod! nur bekannt dem, der es
    eingebüſst,
Geſundheit! edles Gut, das unſre Zeit
    verſüſst.
Des Leibes Seligkeit! wie ſoll ich dich
    bewahren?
Bewegung, Mäſſigkeit, Vermeidung
    der Gefahren,
Des Kummers und des Zorns, ein feſt
    und froher Muth,
Thun mehr, als trinkbar Gold, als
    Oel des Lebens thut.

Und doch läſst ſich der Thor durch
    keine Warnung weiſen;

Und ſucht ſein irdiſch Wohl in Viel-
    heit ſeltner Speiſen;
Iſt dreyer Menſchen Koſt, und heiſt
    das Gaſtmahl ſchön,
Wo man zu Maſſen trinkt, bis ſich
    die Wände drehn;
Bis Bachus Geiſter ihm gehäuft zum
    Haupte ſteigen,
Und Tiſch und Gläſer ſich den Augen
    doppelt zeigen.
Doch ſäumt die Strafe nicht! Wann
    ihn das Kopfweh plagt,
Der Magen nicht verdaut, die Nacht
    den Schlaf verſagt;
So folgen Schwindel, Schlag und jähe
    Todesfälle.
Der, der dem Meer entfloh, der über
    Schanz und Wälle
Durch Schwert und Kugeln drang, den
    ſchlägt ein Gaſtmal todt: *)
Ein mäſſiger Genuſs iſt der Natur Ge-
    both.

  Liebſt du geſunden Leib, ſo folg in
    Trank und Speiſe

*) *Enſe cadunt multi, perimit ſed
crapula plures.*

Nicht bloß der Sinne Reiz, nach dumé
    mer Thiere Weife:
Iß, wann du Hunger fühlst, und wann
    dich dürstet, trink;
Flieh, was dir nicht bekömmt: es ist
    der Vorficht Wink.
Schmeckt es dir allzugut, so ziemt
    fichs, abzubrechen:
Was im geringen Maaß dich stärkt,
    wird vielfach fchwächen.
Sieh auch auf deinen Stand: dein Tifch
    foll allzeit rein,
Und, dem Vermögen gleich, der Auf-
    fatz fchmackhaft feyn.

Hier ruft *Sardanapal:* zecht lustig,
    lieben Brüder!
Was ihr genoffen habt, das nimmt
    euch niemand wieder.
Efst, was dem Gaumen fchmeckt, trinkt,
    was die Kehle will;
Erfäuft der Sorgen Wurm im Wein und
    Venusfpiel.
Ein Ziel ist uns bestimmt, wie jedem
    unfrer Väter;
Trinkt, oder durstet hier; ihr sterbt
    nicht ehr, nicht später!

Wohlan! es ift beftimmt. Elender
    Tropf! vielleicht
Haft du vor Morgen es, vor Abend
    fchon erreicht.
Ich aber will für mich und für mein
    Leben wachen;
Dafs Gott allwiffend ift, foll mich nicht
    forglos machen.
Ihm ift mein Todestag, nicht aber mir,
    bekannt;
Ihn zu befchleunigen, das fteht in mei-
    ner Hand.
Wahr ifts, Gott kennet die, die ihre
    Tage kürzen;
Giebt diefes mir ein Recht, mich in
    den Tod zu ftürzen?

Unzählge Sclaven reifst die fchlaue
    Zauberinn,
Die Königinn der Welt, die füffe Wol-
    luft, hin.
Der Jüngling, wie der Greis, fpringt
    mit gelafsnem Herzen
Dem tiefen Abgrund zu, den Dampf
    und Nebel fchwärzen;
Wo Armuth, Schand und Gram die
    geilen Schlemmer ftäupt,

R. d. V.   D

Und Gicht den Trunkenpold mit heif-
      fen Zangen kneipt.
Zwar leidet die Vernunft, daſs Freun-
      de ſich verſammlen;
Daſs ſie ein Mahl ergötzt, wo keine
      Säufer ſtammlen.
Ein Trunk zur Fröhlichkeit, den uns
      Lyäus ſchafft,
Beſchämt die Menſchheit nicht, belebt
      der Geiſter Kraft.
Nicht Thieren wuchs der Saft, der aus
      den Trauben ſpritzet,
Und *Catons* Tugend ſah man auch von
      Wein erhitzet.

Wenn aber *Maximin* ſich voll im
      Sande krümmt,
Im Aufſtehn nochmals fällt, ſein trü-
      bes Auge ſchwimmt, *)
Die Zunge ſchwerer wird, Gehör und
      Sehn verſchwinden,

*) *L u c r e t. de rerum natura lib. III.*
   v. 477.
   — — — *praepediuntur*
Crura vacillanti, tardeſcit lingua,
        madet mens,
Nant oculi &c.

So ſteht er unterm Vieh: denn dieſs
kann blofs empfinden.
Auch wenn die Sinne noch dem Säu-
fer übrig ſind,
Iſt doch der Menſch hinweg: er han-
delt, wie ein Kind,
Im Joch der Phantaſie. Was Klugheit
feſt verwahret,
Hat Trunkenheit entdeckt, und Ba-
chus offenbaret.
Dann öffnet ſich die Thür des Herzens
angelweit;
Dann ſpricht der Unverſtand, was mor-
gen ihn gereut.
So wie die Träumenden oft die ver-
borgnen Thaten
Im Arm des ſüſſen Schlafs, unwiſſend
ſelbſt verrathen.
Und was für Unheil iſt, das nicht vom
Trunk entſprang?
Mord, Schändung, Feuersbrunſt, Haſs,
Armuth, Krankheit, Zank?
Der muntre Jüngling muſs, oft unter
Henkers Händen,
Für einen ſchnöden Rauſch, ſein Schick-
ſal blutig enden.

Flieh die Gelegenheit, du Schüler
der Vernunft!
Und meide, wenn du kannſt, des
Evans naſſe Zunft.
Auch ſittſam iſs dein Brod: es zeuge
dein Betragen
Von deiner Mäſſigkeit. Der Wohlſtand
wird dir ſagen,
Was deinem Ueberfluſs und Mangel
ſchimpflich ſey.
Zween thun oft eben das; doch iſts
nicht einerley.
So wird es übel ſtehn, wenn, in den
Saufgelachen,
Die Edeln mit dem Volk gemein Ge-
ſchirre machen; *)

*) *Juvenal Sat. VIII. v. 172. ſeqq*

Mitte, ſed in magna legatum quae-
re popina.
Invenies aliquo cum percuſſore ja-
centem,
Permiſtum nautis et furibus ac fu-
gitivis;
Inter carnifices et fabros ſandapi-
larum etc.

Und wenn der Geiſtliche ſich in die
  Schenke ſetzt,
Und, von dem Dorf umringt, die trock-
  ne Kehle netzt.

Gleich Eulen, lichtſcheu, pflegt in
  wilder Wolluſt Sträuchen,
Der Feigen Geilheit Fuſs im Finſtern
  herzuſchleichen;
Ihr geht die Dreiſtigkeit im Dunkeln
  nackend nach,
Und beyden folgt von fern der Tod und
  bittre Schmach.

O Jüngling! hüte dich vor ihrem
  Hurennetze,
Fleuch die verdammte Brunſt, und
  fürchte das Geſetze.
Gieb nicht dem flüchtgen Reiz unrei-
  ner Lüſte Statt,
Und ſchände nicht den Leib, den Gott
  gebildet hat.
Arbeite, bethe, fleuch die Lockung
  der Sirenen,
So wird dich Glück und Ruhm, und
  muntres Alter krönen.

Du aber, den der Schmuck der
    grauen Jahre rührt,
Verfage nicht aus Geiz, was der Na-
    tur gebührt;
Wirf eitle Sorgen hin, lafs nicht mit
    faulen Düften,
Mit Speis- und Kohlendampf dein
    Wohngemach vergiften.
Verwechsle dann und wann der Arbeit
    fauren Ernft
Mit unverbothner Luft. Was du nicht
    heute lernft,
Dazu wird morgen Rath. Ein fcharf-
    gefpannter Bogen
Wird in die Länge fchlaff. Viel, die
    der Geiz betrogen,
Viel, die der Ehrgeiz fticht, die fröh-
    nen ftets allhier:
Für fie ift diefe Welt ein trauriges Al-
    gier,
Ihr Haus ein Feftungsbau. Nie hat Au-
    rorens Feuer
Sie in das Feld gelockt; nie des Apol-
    lo Leyer,
Nie Philomelens Schall ihr taubes Ohr
    gerührt.
Kein Sonntag ift für fie. *Felapton*
    fchreibt, ftudirt!

Und *Armgart* fpinnt daheim ; kein Feſt
kann fie entbinden :
Der Tod wird ihn am Pult , fie bey
der Spindel finden.

Mit aller unfrer Müh , mit Sorgen,
Wachen , Streit,
Thun wir das Wenigſte ; das Meiſte
Glück und Zeit.
Der Geiz kann nimmer ruhn. Mir gnügt
an Brod und Decke,
Darinn die Blöſſe fich vor Hitz und Froſt
verſtecke :
Sie fey , fo wie die Zeit des Jahres
es begehrt ;
Doch ehrbar , ohne Schmutz , und mei-
nes Standes werth ;
Der Landestracht gemäſs , bequem und
nach den Zeiten ,
Einfärbig , oder bunt. Von allen Ei-
telkeiten
Iſt keine kindiſcher , als übertriebne
Pracht.
Doch fündiget auch der , der für den
Leib nicht wacht :
Muthwillig fich verletzt , nicht jedes
Glied bewahret ;

D 4

Der Sinne Stärke nicht bis in das Al-
ter sparet.

Fünf Sinne hat der Menſch, und
jeder Sinn ein Glied,
Dadurch die Seele fühlt, riecht, ſchme-
cket, hört und ſieht.
Du Wunderkind des Lichts, in deſſen
Spiegelzimmern
Ein Heer von Bildern glänzt, und täg-
lich neue ſchimmern:
Vortreffliches Geſchenk, das uns die
Allmacht gab,
Geſicht! ach, ſonder dich wär uns die
Welt ein Grab.
Durch dich erblicken wir der Creatu-
ren Heere,
Die Völker in der Luft, die Völker
in dem Meere,
Das ſchuppigte Geſchlecht, den Glanz
geſtirnter Nacht, *)
Des Blitzes Majeſtät, des Himmels
ſtille Prächt,
Den Bogen im Gewölk, dem alle Far-
ben weichen,

*) *Palingenius in libra.*

Und eine volle Welt, in drey sehr
weiten Reichen.

Der Künste Zauberwerk zeigst du
uns, o Gesicht!
Wer dich erhalten will, der such ein
mässig Licht.
Die Dunkelheit macht blöd, und helle
Stralen-blenden;
Das Aug auf einen Punkt steif und ge-
zwungen wenden,
Macht es frühzeitig stumpf. Drum brauch
es in die Fern,
Und wieder in die Näh. Streng auch
den Augenstern
Nicht allzuheftig an, zumal bey schwa-
chen Flammen;
Sonst bleibt er endlich weit, und zieht
sich nicht zusammen,
Wenn grösres Licht ihn rührt. Der
Mißbrauch dunkler Nacht
Zum Lesen, Lieb und Wein hat viele
blind gemacht.

Noch hat ein weiser Gott ein Werk-
zeug uns geschenket,
Dadurch sich mein Gedank' in deine
Seele senket:

D 5

Das künstliche Gehör, das uns der
  Schall zuführt,
Dadurch uns *Philomel* und *Quanzens*
  Flöte rührt.
O möchte doch dein Ohr nie auf ver-
  fluchte Lehren,
O möcht' es Schmäuchler nie, nie den
  Verläumder hören!
Ihr Lispeln wird weit mehr, als über-
  triebnes Schreyn,
Betäubendes Getön, und Knall, dir
  schädlich seyn.

Damit der Mensch sich auch vor Raub
  und Wittrung schütze,
Bedarf er einen Ort, darinn er sicher
  sitze.
Ein Busch, ein hohler Fels war unsrer
  Väter Haus.
Die Kunst zerbrach den Berg, und hieb
  die Wälder aus,
Und fügte Holz auf Stein, die Kalk
  und Leimen bunden,
Bis Häuser, dann ein Dorf, und end-
  lich Städt' entstunden.

Die Wohnung sey gesund, von feuch-
  ten Dünsten frey,

Geräumlich, hell und feſt, geziert,
      und rein dabey.
Mich reizt ein eigner Heerd, ein Auf-
      enthalt der Stillen,
Den Landluft und Geruch des edlen
      Feldes füllen,
Den *Phöbus* bey dem Auf-und Nie-
      dergange grüſst;
Wo Müdigkeit den Schlaf, und Fleiſs
      die Koſt verſüſst.
Hier will ich ruhiger, als in *Lukul-*
      lus Sälen,
Im Schooſſe der Natur, vergnügte Ta-
      ge zählen.
Was Noth und Wohlſtand heiſcht,
      mehr hab ich nie gewollt:
Ich gönne Königen Gebirge voller Gold;
Den Stein, der Städte gilt; den Reich-
      thum einer Erde:
Mir gnügt, wenn ich allhier kein Spott
      des Volkes werde.

Faſt öder Mittelweg, von Ohneſorg
      und Geiz,
In gleicher Weit entfernt, wer kennet
      deinen Reiz?
Hier quält kein eitler Traum noch un-
      erworbner Güter,
      D 6

Kein Kummer beſsrer Zeit vergnügli-
che Gemüther.

Die loben jeden Tag; ſie preiſen jede
Nacht;

Für ſie hat, Jahr auf Jahr, Gott al-
les wohl gemacht.

Ihr Menſchen! möchtet ihr die Hab-
ſucht überwinden,

Wie würdet ihr die Welt ſo voller An-
muth finden!

Bey der ihr ungerührt anjetzt vorüber
geht.

Nur die Zufriednen ſinds, für die der
Lenz entſteht.

Für ſie putzt ſich das Feld; für ſie
ſchmückt ſich der Morgen

Mit Gold und Roſen aus: die Pracht,
dem Geiz verborgen,

Die Pracht geſtirnter Nacht ward nur
für ſie beſtimmt,

Wann um den lichten Mond das Heer
des Himmels ſchwimmt, *)

Und die Geſtirne ſich in vollem Anſtand
zeigen;

*) *Homeri Iliad.* ☉ *in fine.*

Wann kein Gefchöpf fich rührt, und
  alle Lüfte fchweigen;
Der Berge Gipfel ftehn erhellt. Von
  oben her
Eröffnet fich für uns des Himmels wei-
  tes Meer
Mit Sternen ohne Zahl. Der Schäfer
  fiehts, und Freude
Füllt fein zufriednes Herz. O Leben,
  frey vom Neide,
Von Sorg und dürrem Geiz; mag über
  dich was gehn?
Du fegneft meine Tag' und machft die
  Welt mir fchön.

Gelobet fey der Gott, der Kleid und
  Brod befcheret,
Das mehr als Taufenden ihr Unftern
  nicht gewähret!
Wie weh thut Armuth nicht? ihr löch-
  rigtes Gewand
Verbirgt die Tugend oft und läfst fie
  unbekannt:
Oft bleibt der groffe Geift im Sumpf
  des Elends ftecken,
Und Weife haben nicht das Tuch, fich
  zu bedecken.

Verschmäht, ihr Menschen! nie die
  Güter dieser Zeit,
Auch sie gehören mit zu der Vollkom-
  menheit.
Geld brauchen Grofs und Klein; die
  Nothdurft, das Vergnügen,
Der Wohlstand fodern viel. Nie lafst
  es müssig liegen,
Nie ohne Nutzen ruhn. Seht auf die
  Tage hin,
Da der Erwerb euch fehlt, und spa-
  ret den Gewinn.
Es drehn sich Glück und Zeit. Dem
  heitersten der Morgen
Folgt oft ein Abendsturm. Die Vor-
  sicht wird zwar sorgen;
Doch wenn der Schlemmer streut, der
  Faule nichts erwirbt,
Ists Wunder, wenn der darbt, und
  jener nackend stirbt?

O Reichthum! Wunsch der Welt, gut
  in dem Schoofs des Weisen,
Gift in des Thoren Hand, soll dich
  die Muse preisen?
Nein, du verdienst kein Lob; nur der
  ist Rühmens werth,

Der dich zu brauchen weiſs, die Hun-
    grigen ernährt,
Der Blöſſe Kleider giebt , die arme
    Tugend ſchützet,
Die Wiſſenſchaft belohnt , den Kunſt-
    fleiſs unterſtützet.
Das Geld iſt zum Gebrauch, dazu er-
    wirb es dir.
Arbeiten ſoll der Menſch : das iſt ſein
    Loos allhier ;
Ein jeder nach dem Pfund , das er von
    Gott empfangen :
Ohn Arbeit, ohne Schweiſs iſt wenig
    zu erlangen.

Enthüllt ſah die Natur der erſte
    Stamm der Welt;
Die Erd, ein Paradies, trug alles un-
    beſtellt.
Die Menſchen brauchten nichts : der
    Büſche dichter Schatten
Both ihnen Hütten an , die keinen
    Bauherrn hatten.
Die Erde war ihr Tiſch , die Mahlzeit
    gab ein Baum,
Den Trunk ein heller Bach , der Wald
    zum Lager Raum.

Kein Froſt, kein rauher Wind erkäl-
tete die Glieder:
Der Menſchen kleines Volk erkannte
ſich für Brüder,
Durchſtrich in müſsger Ruh Wald,
Thal, Gebirg und Feld;
Schlief, ſcherzte, trank und aſs. So
giengs der erſten Welt;
Bis wider die Natur das Laſter ſich
empörte,
Und ſich der Zeiten Gold in Erz und
Eiſen kehrte.

Da deckte die Natur den Schleyer
über ſich,
Verſchloſs der Erde Schooſs, und hieſs
den Wüterich,
Den wilden Boreas, das breite Meer
verwirren,
Und in dem wüſten Feld den Wolf
und Tieger irren. *)
Da öffnete zuerſt ein Pflug das harte
Land;
Da fiel der erſte Baum durch eines
Menſchen Hand;

*) *Virgil. Georg. I. v.* 130.

Da lehrte Noth und Witz aus Kiefeln
    Funken fchlagen;
Und Efel und Kamel gewohnten Laft
    zu tragen.
Da grub man nach Metall, und fchied
    das Gold vom Bley;
Da brachte faurer Schweifs dem Stahl
    die Härte bey;
Dem Stahl, aus Stein erzeugt, durch
    Glut zum Spiefs gezogen;
Und ein gekrümmter Aft ward eines
    Jägers Bogen.

Da wagt' auf fchwachem Holz der
    Schiffer fich ins Meer,
Fuhr kühn durch Wind und Sturm,
    auf hoher See daher;
Da lehrten Näff' und Froft die Men-
    fchen Häufer bauen,
Dem Schaf die Woll abziehn, und
    Eich und Stein behauen;
Da rundete der Fleifs aus naffem Mehl
    ein Brod,
Aus Leimen ein Gefäfs. Moräfte vol-
    ler Koth
Verkehrten fich in Feld; die Wälder
    in Paläfte;

Die Wüst' in eine Stadt; der Fels in
  eine Veste;
Ein Wurmgespinnst in Sammt; der
  Trübsand in Krystall:
Und alles dieses that der Mensch, der
  leichte Ball,
Durch unverdrosnen Fleiss. Nichts
  ward so schwer gefunden,
Es ward durch Menschenwitz und Ar-
  beit überwunden.

Hier sorget die Natur genau für je-
  den Stand,
Beschwert mit Säg und Axt des star-
  ken Bettlers Hand,
Und spornt den Reichen an, mit sei-
  nem Schatz zu werben,
Um andern Guts zu thun, und einst
  nicht arm zu sterben.
Der Menschen schwächerm Theil be-
  fahl sie Tisch und Heerd;
Des zarten Alters Pfleg', und was das
  Haus begehrt.
Die Männer lehrte sie ein feurig Ross
  beschreiten,
Die starren Felder baun, des Ebers
  Wuth bestreiten.

Die, deren Herzen Gott aus edlerm
Leimen fchuff,
Und Mangel nicht verfolgt, die heiligt
ihr Beruf,
Ohn Abficht auf Gewinnft, die Wahr-
heit aufzuheitern,
Das Reich der Wiffenfchaft und Künfte
zu erweitern.
Wolf, Leibnitz, Gericke! ihr Lichter
eurer Zeit,
Wie, wenn ihr Witz und Kraft der
Nahrungslaft geweiht?
Wie, wenn ihr *Fuggers* Gut mit fau-
rem Schweifs erworben?
Ihr wäret reich vielleicht, doch nie fo
grofs geftorben.
Doch das, was euch geziemt, fällt
denen närrifch ein,
Die, arm an Geift und Geld, fich hö-
hern Künften weihn.

Untüchtiges Gefchmeifs von betteln-
den Studenten!
Die ehrlich mit der Hand dem Staate
dienen könnten;
Und doch aus faulem Stolz, da fie kein
Buch gefehn,

Fremd in der Wahrheit Reich, fich als
    Gelehrte blähn.
Ihr Thoren! lernt dafür nähn, hobeln
    oder fchmieden,
Minervens Priefterthum ift Stümpern
    nicht befchieden.

Ein See, den nichts bewegt, wird
    ftinkend, und verdirbt;
Verdorben ift der Menfch, der nie-
    mals was erwirbt.
Den Räuber edler Zeit, den Wurm
    mit trägen Ohren,
Den fchnöden Müffiggang, hat Wol-
    luft uns gebohren:
Der Länder untergräbt, der Völker
    Herz verkehrt,
Die Weiber Hurerey, den Bettler fteh-
    len lehrt.
Der Faule ftraft fich felbft, fein Schlaf
    wird feine Plage;
Zu fpät fühlt er den Werth im Traum
    verlohrner Tage,
Wenn ihm, da fich bereits das Haar
    mit Grau vermifcht,
Des Mangels dürre Hand den Schlaf
    vom Auge wifcht.

Der Acker Difteln trägt, die Kammern
ledig ftehen,
Das Dach den Einfall droht, die Kin-
der nackend gehen.

Erröthe nie, o Menfch! ein guter
Wirth zu feyn;
Den Aufwand richte ftets nach deiner
Einkunft ein.
Wem das Gefider fehlt, der hüte fich
zu fliegen:
Ift deine Decke kurz, fo zwing dich,
krumm zu liegen.
Mops kauft Tockayer-Wein, und
fchafft kein Brod ins Haus;
Er hat kein ganzes Dach, und finnt
auf einen Schmaus;
Sein Rock ift nicht bezahlt, und den-
noch kauft er Treffen;
Sein Diener ftarrt von Gold, hat aber
nichts zu effen.
Die Rechnung, ohne Wirth, bringt
Thoren oft in Noth.
Der Tag' im Jahr find viel; für jeden
brauchft du Brod.

Auch in des Fürften Schatz kann
fich der Mangel fchleichen;

Die Steuren einer Welt, der Zins von
    funfzig Reichen,
Schmelzt, *) wenn *Ruffinus* will, ein
    einzger Abendſchmaus;
Auch Brunnen ſchöpfen ſich durch ſte-
    tes Pumpen aus.

Kaum iſt der Vater todt, ſo hebt
    der Sohn die Flügel:
Mit Freuden öffnen ſich der vollenKam-
    mern Riegel:
Die Kaſten ſpringen auf, und das ver-
    ſcharrte Geld,
Gefangne, grün von Roſt, zerſtreun
    ſich durch die Welt.
Die Reu kömmt mit dem Bart. Jetzt
    wünſcht ſich von dem Glücke

*) *Seneca Conſol. ad Helv. cap. IX.*
C. Cæſar, quem mihi videtur re-
rum naturâ edidiſſe, ut oſtenderet,
quid ſumma vitia in ſumma virtute
poſſent, centies ſeſtertio coenavit
uno die: et in hoc omnium adju-
tus ingenio, vix tamen invenit,
quomodo provinciarum tributum
una coena fieret.

Des Erbguts zehnten Theil der arme
    Thor zurücke :
Als Jüngling fuhr der Geck; als Greis
    geht er zu Fuſs :
Wo bleibt der Schmäuchler Schwarm?
    Wer fragt nach feinem Grufs?
Kein reicher Handwerksmann will itzt
    dem Bettler weichen,
Dem Stolz die Frechheit gab, fich
    Fürften zu vergleichen.
Der Adel, der nicht ihn, nur feinen
    Tifch geliebt,
Hat ihn fchon längft verkannt, da die-
    fer nichts mehr giebt.

O Reicher! fchwelge nicht, du wirft
    fonft darben müffen ;
Doch, wird das Deinige durch Unfall
    dir entriffen;
So beuge dich vor dem , der Güter
    nimmt und giebt :
Die Vorficht züchtiget oft Freunde, die
    fie liebt.
Denk auch, ob dein Vergehn den Zorn
    des Himmels reize :
Gott lohnt mit Armuth oft dem uner-
    füllten Geize.

Abſcheuliches Geſpenſt! ſtets hungrig,
nimmer ſatt,
Und gieriger auf Gold, je mehr es Gol-
des hat:
Der Kröte gleich, beſorgt, daſs dieſer
Ball der Erde
Zu ſeinem Unterhalt zuletzt nicht rei-
chen werde.
Seht den verdorrten Hals, die einge-
ſchrumpſte Haut,
Den Angſtſchweiſs des Geſichts, das
keinem Menſchen traut.
Das Geld verdrängt in ihm die Tugend,
das Gewiſſen;
Eh wird er Kind und Freund, als ſei-
nen Beutel, miſſen.

Unheilbares Geſchwür, Gebrechen
ſchlimmer Art!
Der Geizhals kennt es nicht; er gei-
zet nie, er ſpart:
Sich hält er für geſcheid: wer anders
denkt, der fehlet;
Ihn meynt der Prieſter nie, der auf
den Wucher ſchmälet.
So ſchabt der morſche Greis; ſein Gott
iſt Geld und Gut:

Wo aber bleibt der Gott in Krieg und
      Wafferfluth?
Er fcharrt, was hilft es ihm? er darbt,
      um reich zu fterben;
Arm bey dem Ueberflufs, nur brauch-
      bar für den Erben.
Der Wurm durchhölt fein Korn, der
      Armuth wirds verfagt;
Die ihn verfluchen wird, wenn jener
      einft ihn nagt.
Am Ziel der Wanderfchaft, mit einem
      Fufs im Grabe,
Erfpart er, dafs er noch ein ftärkres
      Zehrgeld habe.
Immittelft folgt die Welt dem allgemei-
      nen Strom;
Und, wie *Jugurtha* *) fprach, für Geld
      verkauft fich Rom.

Dem opfert noch die Welt Blut,
      Vaterland, Gefetze;
Und bethet fie zu Gott, fo bittet fie
      um Schätze: **)

*) *S a l l u ft. bell. Jugurth. cap.* 35.

**) *J u v e n a l. Sat. X. v.* 12.

R. d. V.   E

Dem dummen Midas *) gleich , dem
   Bachus einft befahl,
Selbß einen Wunfch zu thun. Wie
   kützlich war die Wahl?
Doch Midas eilt und fpricht mit freu-
   diger Gebärde:
Gieb, füffer Traubengott! dafs Gold
   aus allem werde,
Was meinen Leib berührt. Es geht,
   wie er gewollt:
Sein Kleid verkehret fich in ein Ge-
   wand von Gold,
Das ihn zur Erde drückt; der Ort,
   darauf er finket,
Wird fchimmernd unter ihm; der Ra-
   fen felber blinket.
Das Brod, das er berührt, verhartet
   in der Hand
Zum köftlichften Metall; der Wein
   wird goldner Sand.
O Bachus! ruft er aus, fey gnädig!
   ich verderbe!
Nimm deine Gabe hin , bey der ich
   Hungers fterbe.

*) *Ovid. Metamorph. lib. XI. v. 100.*

Der schlimmste Geiz ist der , mit
dem sich Kargheit paart.
Ein Filz hat keine Scham, und lebt
nach Pöbels Art.
Ihn sättigt schimmlicht Brod bey vol-
len Speisefchränken :
Sein Keller liegt voll Wein; doch Ko-
fent muss ihn tränken.
Ist er bedauernswerth, wenn das er-
kratzte Gut
Blitz oder Krieg verzehrt, ein böser
Sohn verthut?
Wenn das verfaulte Dach fein Haus
in Klumpen drücket,
Und ein Betrüger ihn mit goldnem
Rauch berücket?
Geniesset, Sterbliche! was euch die
Vorsicht gab :
Die Zeit fährt schnell dahin, es eilen
Baar und Grab;
Das Gut bleibt hinter euch : und über
eure Schmerzen,
Und über euren Geiz wird einst der
Erbe scherzen.

Es ist ein Edelstein, der Zeit und
Gruft verlacht,

E 2

An Werth *) dem Leben gleich, der
  Tugend ewig macht,
Hellglänzend, frey vom Schmutz. Dieß
  Kleinod heißt *die Ehre.*
Gewalt erwirbt sie nicht. Geh, wür-
  ge, reiß, verheere
Drey Theile von der Welt; du über-
  kömmst sie nie:
Sie ist der Weisheit Lohn, und Ken-
  ner geben sie.

Hier hat ein falscher Wahn die
  Sterblichen bethöret,
Und, für verwägne Wuth und Toll-
  heit, Ruhm begehret.
Ephesens Wunderwerk verbrennt ein
  Herostrat,
Und meynt, die Ewigkeit gebühre sei-
  ner That.
Gleicht *Nero* dem *Trajan?* doch spricht
  der Ruf von beyden;
Man kennt den fünften *Karl,* und den
  Johann von *Leiden!*
Doch, Böfewicht! was hilfts, daß
  dich die Nachwelt kennt,

*) *Vita et fama pari passu ambulant.*

Wenn fie dich eine Peft, ein Unge-
    heuer nennt?
Verdammt *) zu ewgem Ruf, unfterb-
    lich, dir zur Schande!
So kennt die Nachwelt auch noch
    manche Diebesbande,
Und fpeyt den *Nikel Lift* und den
    Lips Tullian,
Da längft ihr Rad verfault, in den
    Gefchichten an.

Der wahren Ehre Grund ruht auf
    Vollkommenheiten.
Herr feiner Neigung feyn, der Men-
    fchen Glück bereiten,
Beleidigern verzeihn, das ift ein wah-
    rer Ruhm!
Ehr ift in Fried und Krieg der Tugend
    Eigenthum.
Sie fpornte Helden an, kühn in den
    Feind zu dringen;
Und gab dem Dichter Glut, die Hel-
    den zu befingen.

*) *Pope,* 4. *Brief:*
    Sieh nur den Cromwell an, zu ew-
        gem Ruf verdammet.

E 3

Sie flocht mit eigner Hand gerechter
       Sieger Kranz,
Verherrlichte für sie das Erzt, des Mar-
       mors Glanz.
Ihr Adel krönt Verdienst, und macht
       die Tugend prächtig;
Und wer nach ihr nichts fragt, ist dumm
       und niederträchtig.

Denn auch den Weisen rührt der
       wahren Ehre Pracht,
Er thut, was immer mehr ihn deren
       würdig macht.
Zu edel, sie zu fliehn, zu klug, dar-
       nach zu ringen,
Erwartet er den Kranz, den Eitle nicht
       erzwingen.
Der Schmuck, den die Natur für Wei-
       se nur erfand,
Wird zwar aus Irrthum oft der Thor-
       heit zuerkannt:
Doch lehrt der Augenschein, daß auf
       dem Haupt des Thoren
Der köstlichste Juwel so Glanz als Werth
       verloren.
Vergeblich ist die Müh, ihn wieder hell
       zu sehn,

Durch Titel oder Rang den Schimmer
  zu erhöhn.
Geborgter Zufatz wird die Dunkelheit
  vermehren,
Und unverdientes Lob in bittern Spott
  verkehren.

Der Ehrgeiz hält indefs des Pöbels
  Achtung werth,
Der nur aufs Aeufsre fieht, und, was
  ihn blendet, ehrt.
Macht, Reichthum, fchnelles Glück,
  ein Stern mit einem Bande,
Sind bey ihm ein Beweis von Grofs-
  muth und Verftande.
Der Arme wird verhöhnt, weil ihm
  das Brod gebricht;
Sein Kittel macht ihn dumm, das Innre
  fieht man nicht;
Und die Verläumdung eilt, ihn mit den
  ärgften Bildern,
Womit man Lafter malt, forgfältig ab-
  zufchildern.
Doch Kluge folgen nie des Pöbels Ur-
  theil nach;
Ein Unglück ohne Schuld ward nie der
  Tugend Schmach.

E 4

Sey arm, und ungeftalt, ein Krüp-
      pel; fchlecht vom Stande,
Bift du nur tugendhaft, fo bringt dirs
      keine Schande:
Die Unfchuld bleibt ja rein; obfchon
      der Läftrer Brut
Auf fie die Zähne wetzt.– Was gut ift,
      bleibt wohl gut.
Es fchwärze fremder Koth des weißen
      Schwans Gefieder;
Er taucht fich in den See, und zeigt
      fich glänzend wieder.
Wohl dem, der lebenslang gerechten
      Vorwurf flieht!
Die Zeit bringt an den Tag, was in
      der Nacht gefchieht.
Wenn Menfchenzungen ruhn, fo müf-
      fen Thiere klagen:
Und was du einfam thuft, das werden
      Steine fagen.

Selbft der Verläumdung Bifs kann
      Weifen heilfam feyn;
Er dämpft des Geiftes Schwulft, und
      prägt die Demuth ein.
Vor unfern Thaten pflegt ein Dunft
      empor zu fteigen,

Dadurch ſie , doch nur uns , ſich groſs
und herrlich zeigen.
Der Redner ſieht dadurch in ſich den
Demoſthen ,
Ein Maler den *Apell* , ein Krieger den
Eugen.
Ein mäſſiges Verdienſt wird unter uns
zum Berge ,
Und hebt uns himmelan; die andern
werden Zwerge.
Dieſs iſt der Zauberberg , wo Eigen-
liebe blüht ,
Von dem der Edelmann herab auf
Bürger ſieht.
Elender Selbſtbetrug ! dadurch der
Menſch erblindet ,
Und eitel Gold an ſich , an andern
Schlacken findet.

Zwey Bündel *) bringt der Menſch ,
der Wurm, mit auf die Welt,
Vorn hängt das leichteſte , das andrer
Fehl enthält :
Das ſchwerſte tragen wir unwiſſend auf
dem Rücken;

*) *Catull. XXIII.*

E 5

Von unfern Fehlern voll, die wir doch
    nie erblicken.
Gewöhne dich demnach, dir felbft ge-
    treu zu feyn:
Sich andrer Tugenden, und deine Män-
    gel ein.

Ifts möglich, dafs du dich des Adels
    wegen brüfteft,
Den du durch dein Verdienft nie zu
    erwerben wülsteft?
Dich bläht die Wiffenfchaft: bift du
    allein gelehrt?
Bedenke, dafs in dir man keinen
    Leibnitz ehrt;
Auch keinen *Bayle* fieht. Hat dich der
    Rang verblendet?
Geh in dich, kleiner Geift! wie viel
    haft du verfchwendet?
Seit funfzig Jahren her haft du nichts
    Guts gethan:
Sieh deinen fiechen Leib, der Lafter
    Werkftatt, an,
So wirft du, wie der Pfau, den Spie-
    gel fallen laffen,
Und, in dein Nichts verfetzt, anfan-
    gen, dich zu haffen.

Glückſelig iſt ein Herz, das Eitel-
keit verlacht;
Gold, Schönheit und Geburt hat es nie
ſtolz gemacht.
Es kennet ſeinen Werth, ohn ihn zu
hoch zu ſchätzen:
Es weiſs, was ihm gebricht, und ſucht
es zu erſetzen.
Gelaſſen bey dem Glück, im Unfall
unverzagt;
Wo Hochmuth oder Gram die mindern
Seelen plagt.
Die meiſten Menſchen ſind undankbar
und vermeſſen.
Im Elend läſtern ſie, im Glück wird
Gott vergeſſen.
Kömmt beydes nicht von ihm? Wer
iſts, der Regen ſchickt,
Wenn vor der Sonne Brand die welke
Saat ſich bückt;
Die Bäume ſchmachtend ſtehn; die
Anger dürre werden?
Wer zeugt der Erzte Gang? Wer mehrt
die fetten Heerden?
Wer hält des Todes Arm, daſs oft
ſein Pfeil verfehlt,
Und dich ein ruhig Loos den Enkeln
aufbehält?

E 6

Willſt du, Verwägner! dich der Wohl-
    that überheben?
Wie bald kann Gottes Hand entziehn,
    was ſie gegeben?

Geh die Geſchichte durch: das Buch
    der Zeiten lehrt,
Daſs Purpur ſich in Blut, der Thron
    in Rauch verkehrt;
Und von dem *Cyrus* an, der ſich zu
    kühnlich traute,
Bis auf das Tiegerthier, *) das Thürm'
    aus Schädeln baute;
Und von *Tarquin* auf den, der wider
    Catons **) Dank
Die freyen Latier in ſeine Feſſel zwang,
Wirſt du mit Schrecken ſehn, wie oft,
    gleich einem Balle,
Das Glück den Stolzen hebt, damit
    er tiefer falle.

*) *Schach Nadir. S. Hanways Rei-
  ſen durch Ruſsland und Perſien,
  2. B.* 43. *Kap.*

**) Ad ſua qui domitos deduxit flagra
    Quirites,
    Juvenal. Sat. X. v. 109.

Des Schickſals Bitterkeit begegne
mit Geduld:
Der Trübſal Sturm iſt oft ein Werk
der ewgen Huld.
Oft muſs des Glückes Kahn zu deinem
Vortheil ſcheitern,
Und ein erzürnter Nord den Himmel
dir erheitern.
Der Zukunft Tafeln deckt ein undurch-
ſichtger Flor;
Was dir begegnen ſoll, ſagt kein Ge-
ſtirn zuvor.
Dein Geiſt erräth es nicht, wie willſt
du es vermeiden?
Ein rein Gewiſſen iſt der beſte Troſt
im Leiden!

Doch wenn dich auch in Noth ein
innrer Vorwurf flicht,
So denke, daſs der Schmerz dir neue
Geiſſeln flicht:
Du weinſt, daſs Leidenſchaft und Wahn
dich übereilet:
Durch des Geſichts Verluſt wird jenes
nicht geheilet.
*Nie wieder Böſes thun, das iſt die be-
ſte Reu!*

Zwing deine Phantaſie, ſie macht die
Wunde neu.
Sieh, wie die Kinder ſich leicht in ein
Unglück ſchicken,
Das ſie, o ſelger Stand! nicht, oder
ſchwach erblicken.

Ein Weiſer iſt ein Held: wach, eh
der Sturm ſich naht,
Beherzt in der Gefahr, und kühn, wie
ein Soldat,
Der für ſein Leben ficht: nicht furcht-
ſam, nie verwägen.
So ſchwang einſt ein *Horaz* *) fürs Va-
terland den Degen.
Ein Heer ſtürmt auf ihn zu, die ſtar-
ke Brücke bricht
Mit Krachen hinter ihm: er iſts allein,
der ficht.
Er ſtürzt ſich in die Tief, und die ge-
treue Tiber
Bringt den bewehrten Held geſund nach
Rom hinüber.

*) *Horatius Cocles, Liv. l. 2.*
c. 10.

Auch vor dem Tode felbſt erſchrickt
die Tugend nicht:
Sie folget ſeinem Ruf mit fröhlichem
Geſicht.
Das menſchliche Geſchlecht geht auf
verſchiednen Wegen,
Theils langſam, theils geſchwind, dem
künftgen Tod entgegen.
Kein Rang verſöhnt die Zeit, kein
Alter flieht das Grab;
Der Apfel fällt einmal, roh oder reif,
herab.
Wer vor dem Tode flieht, der flieht
vor ſeinem Schatten;
Du muſst einſt der Natur die alte Schuld
erſtatten:
Der Zahltag kömmt gewiſs, das Schick-
ſal wird nicht ruhn;
Bezahlen muſst du einſt, willſt du es
murrend thun?

Ein ewiges Geſetz hat zu beſtimm-
ten Stunden
Mit dem, was irdiſch heiſst, Vergäng-
lichkeit verbunden.
Kaum weiſs man noch den Ort, wo
Apis Hauptaltar,

Das ſtolze Memphis lag, was ehmals
       Thebe *) war.
Der alten Herrſcher Pracht, unzählger
       Tempel Schimmer,
Sind jetzt gethürmter Schutt, und ab-
       gebrochne Trümmer.
Ein Volk, das tauſend Jahr die Meer
       und Länder ſchreckt,
Den halben Erdenkreis mit Legionen
       deckt,
Vergeht und läſst uns nichts, als Mün-
       zen, alte Steine,
Ein halb verſtümmelt Buch, und Aſche
       der Gebeine.
Dem Schluſs, der Völker tilgt, dem
       Länder nicht entfliehn,
Der Städt' in Graus verkehrt, dem
       willſt du dich entziehn?

Was denkſt du, mürber Greis? der
       Tod iſt dir ein Schrecken,
Da du nicht fähig biſt, des Lebens
       Luſt zu ſchmecken.

*) *Siehe R. Pococks Beſchreibung
des Morgenlandes, 1. Theil, 2.
Buch, 3. Hauptſtück, §. 21.*

Verwandte , Freund und Kind haſt
      du begraben ſehn;
Der Füſſe morſch Geſtell kann unge-
      ſtützt nicht ſtehn;
Der Schall der Sängerinn , der ſüſſe
      Klang der Saiten,
Durchdringt dein Ohr nicht mehr; ein
      andrer muſs dich leiten;
Den Gaumen reizt nicht mehr der Spei-
      ſen Lieblichkeit,
Noch jenes Rebenſafts, der ſonſt dein
      Herz erfreut;
Der Athem wird dir ſchwer, und alle
      Glieder beben;
Für dich iſt alles todt, und du begehrſt
      zu leben?
Der Tod iſt ja kein Schmerz, er en-
      digt unſre Pein,
Und ſchläfert unſern Leib zur Ruh des
      Grabes ein:
Der Geiſt fliegt himmelan, und über
      jenen Höhen,
Wo tauſend Welten ſich um ihre Son-
      nen drehen,
Eilt er dem Urſprung zu, der unver-
      ſieget quillt,
Den reines Licht umſtralt, und Ewig-
      keit umhüllt.

Viertes Buch.

Dieſs iſt der einge Gott , der Vater
   aller Geiſter.,
Unſterblich, nie gezeugt , der Welten
   Herr und Meiſter;
Der unumſchränkt regiert , vor dem die
   Erd erſchrickt,
Die Sterne zitternd ſtehn , und ſich der
   Himmel bückt.
Entſchleyert ſteht vor ihm , ſein Kind,
   die helle Wahrheit, *)
Unwandelbar , wie er , der Spiegel
   ſeiner Klarheit.
Er iſt des Guten Quell , der Grund
   der Creatur,
Selbſtändig, unſichtbar, der Schöpfer
   der Natur.

*) *Wolfs Metaph. Erſter Theil.* §.
 975. 976.

Ift denn ein folcher Gott? Geh,
    frage Thal und Hügel;
Die Erde malt fein Bild, der Himmel
    ift fein Spiegel;
Der Sturm verkündigt ihn, ihn thut
    des Donners Mund,
Der Bogen in der Luft, der Schnee
    und Regen kund.
Ihn preift der grüne Klee, das Feld
    mit Korn bedecket;
Der Berg, der Wälder trägt, das
    Haupt zun Wolken ftrecket;
Der Baum, von Früchten fchwer, der
    Gärten bunte Flur,
Der vollen Rofe Pracht trägt feines
    Fingers Spur.
Der Vogel fingt von ihm, der Lämmer
    weiffe Heerde,
Der Hirfch im ftillen Forft, die Wür-
    mer in der Erde,
Der Fifch, der Wellen fpeyt, und
    Maften niederfchlägt,
Der ftarre Krokodil, das Thier, das
    Thürme trägt;
Und der Gefchöpfe Heer, im Trock-
    nen, in den Meeren,
Sind Prediger von Gott, die dich fein
    Dafeyn lehren.

Sieh jenem Schiffe nach *) , das
schnell die Fluthen theilt ,
Mit vollen Segeln naht , und in den
Hafen eilt.
Du glaubeſt ohne Zwang , daſs es ein
Mann regieret ,
Ob du ihn gleich nicht fichſt , der es
zum Lande führet.
Schau der Geſtirne Gang , die Ord-
nung ihrer Uhr ,
Der Jahreszeiten Lauf , die Wege der
Natur ;
Und überzeuge dich , daſs es ein Gott
ſeyn müſſe ,
Der an dem Steuer ſey , und wohl zu
herrſchen wiſſe.

Erhebe dein Geſicht , es winkt der
Allmacht Hand ,
Auf! mache dich mit dem , der dich
erſchuff , bekannt.
Das Weſen , ohne dem die Welt ein
Unding wäre ,
Sey deiner Tugend Sporn : gieb unſerm
Gott die Ehre !

*) *Theophil. ad Autolyc. lib.* 1.

Zween Wege meide hier, fie tau-
gen beyde nicht;
Dort herrfchet Finfternifs, hier ein ver-
führend Licht.
Wer jenem Wege folgt, fieht keiner
Schöpfung Spuren;
Die Welt mufs ewig feyn, die Seelen
werden Uhren:
Und der Begriff von Gott fcheint ihm
ein ftolzer Traum,
Der Feigheit Hirngeburt, des dummen
Pöbels Zaum.
Die Abficht der Natur bleibt feft vor
ihm verriegelt;
Er fpricht: das Auge fieht, fo wie
die Pfütze fpiegelt.
Nach ihm beherrfcht die Welt ein blin-
des Ohngefähr,
Diefs giebt dem Felde Korn, den Ha-
gel hinter her:
Diefs mifcht der Menfchen Loos, und
fcherzt mit Sieg und Kronen;
Diefs gab das Fieber uns, das Mittel
den Huronen. *)

*) *Il mit la fievre en nos Climats,
Et le remede en Amerique.*

So denkt der Atheist; so schliefst
der starke Geist,
Den überkluger Witz zum Pful des
Irrthums reifst.
So sucht der Leichtsinn oft die Gril-
len zu entfernen,
Den strenge Tugend schreckt, und
süfse Laster körnen.
Ein solcher Mensch geniefst der Seele
Frieden nie,
Lebt ehrbar, blofs aus Zwang, und
stirbt, gleich einem Vieh.

Der gröfste Theil der Welt, zum
Denken viel zu träge,
Folgt blindlings und getrost noch jetzt
dem andern Wege;
Und lallt mit Unverstand das, was der
Vater sprach,
Und was der Haufe sagt, aus vollem
Halse nach.
Wer diesen Weg erwählt, tritt die
Vernunft mit Füfsen,
Macht das Geschöpf zu Gott, und fäf-
selt die Gewissen.
Vor Bildern kniet er hin, sein kränk-
liches Gehirn

Bannt Geiſter, ſucht mit Müh ſein
Schickſal im Geſtirn.
In Wörtern ohne Sinn, in kindiſchen
Gebräuchen,
Sieht er geheime Kraft, am Himmel
Wunderzeichen.

Dieſs iſt des Pöbels Art. Was in
Erſtaunen ſetzt,
Was unbegreiflich ſcheint, das wird
ſein Gott zuletzt.
Der Elemente Macht, die Pracht der
lichten Sphären,
Bewog die alte Welt, als Götter ſie
zu ehren.
Ein Held, der Löwen zwang, und
Rieſen niederſchlug;
Ein Fürſt, der Glück und Sieg durch
ferne Länder trug;
Ein Weiſer, deſſen Witz der Sterne
Kreis umſpannte,
Ein Werk der Kunſt erfand, der Pflan-
zen Kräfte kannte,
Die ſchienen etwas mehr, als Sterbli-
che zu ſeyn,
Schon lebend prägten ſie den Völkern
Ehrfurcht ein.

Die Dankbarkeit befahl, fie auch noch
    todt zu ehren,
So wurden Götter draus, und Gräber
    zu Altären.

Durch Dummheit, Gaukelfpiel, und
    fchwarze Häucheley,
Verfärkte fich der Wahn, und wuchs
    zur Raferey.
Der arme Heyde glaubt der Läftrung
    kühner Spötter,
Und dichtet thörichte und lafterhafte
    Götter.
Das häfslichfte Gefchöpf nimmt an der
    Gottheit Theil;
Der Menfch fchnitzt Götter aus, und
    biethet Götter feil.

Kaum fchlug der Wahrheit Stral
    des Irrthums Dünfte nieder,
So kam der Aberglaub' in andrer Klei-
    dung wieder;
Der alten Götter Schaar erfetzt der
    Heilgen Zahl;
Für Chriften bindet Rom jetzt Ketzer
    an den Pfal.
Ihn fchützt geweihtes Wachs, ftatt Lor-
    bers, vor dem Blitze,

Und heydnifch Fabelwerk weicht from-
  mer Mönche Witze.

Ein wahrer Gottesdienft mufs ganz
  von Irrthum rein,
Und der Vollkommenheit des Höchften
  würdig feyn.
Das Wefen, deffen Macht die Welt
  und Geifter preifen,
Die höchfte Majeftät, den Weifeften
  der Weifen;
Die Güte, deren Maafs der Himmel
  nicht umfchliefst,
Das Licht, aus deffen Schoofs die
  Wahrheit fich ergiefst;
Den Gott, der lohnt und ftraft, den
  lafst euch Menfchen lehren:
Wer ihn nicht recht erkennt, wie mag
  ihn der verehren?

Kein todtes Wiffen hat die Ehrfurcht
  je erregt:
Der kennt und ehrt ihn nicht, in dem
  das Herz nicht fchlägt,
So oft er fein gedenkt; der, wenn er
  bey ihm fchwöret,
Nicht überzeugend glaubt, dafs Gott
  ihn fieht und höret;
R. d. V.   F

Und daſs ſein Strafgericht den Mann,
    der wiſſend irrt,
Und wiſſend ſündiget, einſt treffen kann
    und wird.
Durch ſichrer Schlüſſe Reih ſieht müh-
    ſam und von ferne
Die forſchende Vernunft den Schöpfer
    aller Sterne.
Die reizende Natur führt eine leichtre
    Bahn,
Uns kündigt jeder Tag die Wunder
    Gottes an.
Der Körper jedes Wurms, der Bau
    der kleinſten Blume
Sind tiefer Weisheit voll, und pran-
    gen, ihm zum Ruhme.

O unermeſsliche! o unerforſchte
    Macht!
Du rührſt des Weiſen Bruſt. Der Ehr-
    furcht Trieb erwacht;
Er fällt dem Gott zu Fuſs, der auf
    den Wolken fähret,
Er lobt die milde Hand, die ſchafft,
    beſchützt, ernähret.
Selbſt der Natur Geſetz wird ihm ein
    leichtes Joch;

Er weiſs , daſs Gott es gab; er preiſt
    und dankt ihm noch.
Ein Weiſer iſst und trinkt zu ſeines
    Gottes Ehren ,
Wo ſind die Könige , die ſo viel Die-
    ner nähren ?

Er iſt der alte Gott , der alles ſpeiſt
    und tränkt ;
Wie gnädig muſs er ſeyn , daſs er auch
    mein gedenkt ?
Womit hab ichs verdient , daſs in der
    Thäler Gründen ,
Im Felde , Luft und Meer ſich Tiſche
    für mich finden ?
Ein Herz , das Gott erkennt , ehrt ihn
    in jeder That ,
Die ſeine Trefflichkeit zu ihrem Grunde
    hat.
Der Gottheit Kenntniſs dämpft der
    Sinnen wilde Triebe ,
Veredelt unſern Geiſt , und mehrt die
    Tugendliebe.
O hätte jemals nur ein irdiſch Aug er-
    blickt ,
Was allzuheller Glanz den Sterblichen
    entrückt :

O könnt ein schwacher Mensch, durch
  aller Himmel Höhen,
Des Geister-Königs Thron in vollem
  Schimmer-sehen:
Er würd, empfänd er gleich der ärg-
  sten Strafen Pein,
Und litt er tausend Tod', entzückt
  und selig seyn.

Glückselig! wer sein Thun auf Got-
  tes Ehre lenket,
In allem Gott nur sucht, an Gott in
  allem denkt.
Mensch! ohne Frömmigkeit hilft selbst
  die Tugend nicht,
Ihr Glanz verherrlichet die Uebung
  unsrer Pflicht:
Sie macht die Tugend ächt, und weis
  den Stolz des Heyden
Von wahrer Weisheit Frucht genau zu
  unterscheiden.

Ja, Freund der Sterblichen! und
  wär ich starres Eis,
So macht ein Blick nach dir in mir die
  Liebe heis.
Die Einfalt brennt für dich oft eifri-
  ger, als Weisen,

Und in dem niedern Volk find Lippen,
    die dich preifen.
Die Einfalt grübelt nicht, weil fie von
    Herzen glaubt,
Was dem Gelehrten oft ein fpitzger
    Zweifel raubt.

Genug! ich bin fein Werk, mein
    Leib ift fein Gefchenke,
Er fchuff in mir den Geift, durch den
    ich menfchlich denke:
Er wies die Erde mir zu meiner Woh-
    nung an;
Mir macht er Thier und Fifch und Vö-
    gel unterthan.
Für mich füllt feine Hand die Ebnen
    mit Getraide,
Mit Thieren, mir zur Koft und mei-
    nem Leib zum Kleide:
Er, meiner Kindheit Schutz; er, mei-
    nes Alters Stab;
Er war es, der mir Brod, Gefund-
    heit, Freunde gab.
Aus ftürmender Gefahr, aus bangen
    Hinderniffen,
Oft aus des Todes Schlund, hat mich
    der Herr geriffen.

O Güte, gegen die des Himmels Raum
    zu klein,
Das Meer ein Tropfen ift; dir foll
    mein Herz fich weihn!

Den, der mir fein Gefetz felbft in
    die Bruft gefchrieben;
Der mir nur Gutes gönnt, den Gott
    follt ich nicht lieben?
Kein irdifcher Gewinnft, kein Leiden
    diefer Zeit
Soll mir im Wege ftehn, zu thun, was
    Gott gebeut.
Mich rührt fein Vaterherz, das zarte
    Huld entflammet,
Zu thun, was ihm gefällt, zu fcheun,
    was er verdammet.
Gott ift mir fürchterlich; doch nicht
    wie ein Tyrann:
Ich fürcht ihn, wie ein Kind den Va-
    ter fürchten kann.
Die wahre Gottesfurcht, die Tochter
    reiner Liebe,
Hält unfre Geifter wach, und prüft bey
    jedem Triebe,
Und forfcht bey jeder That, ob fie
    vor dem befteht,

Der ins Verborgne sieht, dem kein
Gedank entgeht.
Sein Auge findet dich im Dunkeln,
in der Wüste;
Ja, Gott durchschaut dein Herz, die
Wohnung stiller Lüste.

Doch siehst du auch, o Mensch!
ihn nicht als Vater an,
So zittre vor dem Gott, der dich zer-
treten kann.
Blitz, Ueberströmung, Brand, Krieg,
Mißwachs, Theurung, Seuchen
Sind Diener seiner Macht, und seines
Grimmes Zeichen.
Er ruft den Morgenwind, und ein un-
zählbar Heer
Von fliegendem Gewürm erhebt sich
übers Meer.
Sein Flug verhüllt den Tag; das Ras-
seln seiner Flügel
Gleicht kriegrischem Getös. Es deckt
die grünen Hügel,
Verheert das reiche Feld. Der Land-
mann steht von fern,
Und siehts mit nassem Aug, und fühlt
die Hand des Herrn.

Ein unterirdifch Heer von donnern-
den Gewittern

Entbrennt: der Erdenball und deffen
Angeln zittern.

Da liegt die groffe Stadt, die fonft dem
Meer geboth,

Mit Thürmen, Häufern, Gut, ver-
kehrt in Afch und Koth.

O Herr! o Schrecklicher! dein Zorn
gebeut den Meeren,

Heifst Feuer, Erd und Wind fich wi-
der uns verfchwören.

Die Strafe bricht einmal früh oder fpät
herein;

Der Sünde Werkzeug mufs oft Gottes
Rachfchwert feyn.

Unendlich groffer Gott! ich fühle
meine Blöffe;

Im Schwindel fchaut mein Aug' auf dei-
nes Wefens Gröffe:

Der Stern, darauf ich bin, diefs Rund,
ich feh es ein,

Mag unter taufenden leicht das gering-
fte feyn.

Ja, gegen taufenden, die an des Him-
mels Gränzen

Durch deine Macht, o Herr! für beſ-
 re Geiſter glänzen,
Iſt dieſer Erdenkreis mit Bergen, Meer
 und Land,
Mit ſeiner Völker Zahl, ein Punkt,
 ein Körnchen Sand;
Und ich ein Theil des Punkts! O Ur-
 ſprung aller Dinge!
Wer biſt du gegen mich, der ich dich
 hier beſinge?
Ein Alles gegen nichts; ein Meer, von
 nichts umſchränkt,
In deſſen Tiefe ſich ein Stäubchen
 ſchnell verſenkt.

Ein heilger Schauer rührt, erſchüt-
 tert meine Glieder,
Vor dir, der Götter Gott, fall ich in
 Demuth nieder;
Womit verdient der Staub, der Wurm,
 der vor dir kniet,
Daſs der Unendliche ſich für ſein Wohl
 bemüht?
Gott ſelber ſorgt für mich, wovor ſollt
 ich mich ſcheuen?
Mir macht ſein weiſer Rath auch *Gift*
 zu Arzeneyen;

Er weiſs es, was mir nützt, er will
mich glücklich ſehn:
Und was er will, geſchicht; darauf
will ich beſtehn!

Gott, ohne deſſen Wink kein Gräs-
chen ſich verſchlimmert,
Kein Sperling niederfällt, kein Stein-
lein ſich zertrümmert:
Er, der im Riſs der Welt auch mei-
ne Tag entwarf,
Und täglich überzählt, der weiſs, was
ich bedarf.
Eh ſich mein Mund beklagt, eh Seuf-
zer zu ihm ſteigen,
Sieht der, der alles ſieht, die Laſten,
die mich beugen.
Durch ihn bin ich beherzt, wenn ſich
ein Wetter thürmt,
Wenn Unglück, Himmel, Welt und
alles auf mich ſtürmt.
Die Ruthe, die mich ſchlägt, die kömmt
von ſeinen Händen;
Er wird das Widrige zu meinem Be-
ſten wenden:
Er iſt der gute Gott, er liebt, auch
wenn er ſtraft!

Spät zürnen, schnell verzeihn, ist Got-
tes Eigenschaft.
Diefs lehrt mich die Vernunft, wer straft,
um mich zu beffern,
Der will mir auch verzeihn, nicht mei-
ne Noth vergröffern.
Die väterliche Zucht, die aus der Lie-
be quillt,
Macht Gottes Abficht klar, und ist der
Gnade Bild.

Oft will der Hoffnung Licht bey stär-
kerm Sturm verschwinden,
Der übertäubte Geist kann sich darein
nicht finden;
Ein giftger Zweifel macht die stumpfen
Sinne scheu:
*Ob Gott ein Menschenfreund, ob eine
Vorsicht sey?*

Der Erde Hälfte *) wird von Meer
und Berg bedecket;
Ein unwegfamer Wald, darinn der
Tyger hecket,

*) *Lucretius de rerum natura,
lib. 5. v. 201.*

F 6

Verriegelt einen Theil: Hier drückt der
    Sonnen Brand ,
Dort ein verjährter Schnee das un-
    brauchbare Land.
Der Strich , der übrig bleibt, wär ei-
    ne todte Wüſte ,
Wenn ihn nicht Menſchenfleiſs zum
    Acker pflügen müſste.
Iſt nicht der Felder Schatz , tragbarer
    Bäume Zucht ,
Ein Werk von reger Hand , und ſau-
    rer Jahre Frucht ?
Und doch raubt allzuoft Sturm , Dür-
    re , Hagel , Regen
Den armen Sterblichen der harten Ar-
    beit Segen.

Der Menſch , zu Schmerz beſtimmt ,
    kömmt nackend an die Welt,
Da gleich mit der Geburt das Thier
    ſein Kleid erhält.
Mit Mühe lernt er gehn, Noth, Un-
    ruh , Leibesplage
Umhüllen ſchon den Lenz der zarten
    Jugendtage.
Der Nahrungsſorgen Joch beläſtigt ihn
    als Mann :

Das Alter kündigt ihm sein Todesur-
    theil an.
Die Welt, der Bosheit Sitz, ein Pful
    voll Uebelthäter,
Voll Unrechts, Neides, Trugs! So
    sahn sie unsre Väter;
So sehn wir sie noch heut. Unendli-
    cher Verdruss
Verkürzt des Lebens Zeit, verbittert
    den Genuss.
Was Tugenden misslung, das muss dem
    Laster glücken;
Wie oft folgt Ehr und Gut den finstern
    Bubenstücken?
Der Fromme darbt im Staub, in dürf-
    tiger Gestalt;
Er stirbt oft früh und arm, der Thor
    wird reich und alt.
Wie oft muss List und Zwang das Recht
    des Schwächern beugen!
Die Unschuld seufzt und klagt; doch
    Erd und Himmel schweigen.

Wenn eine Vorsicht ist, die helfen
    will und kann,
Warum nimmt ihre Hand sich nicht
    des Armen an?

Hat uns ein blindes Glück zum Ball
  sich ausersehen?
Sollt alles, was geschieht, von ohn-
  gefähr geschehen?
Wie? oder lenkt die Welt, mein Un-
  glück und mein Glück,
Ein unerbittliches, ein unbedingt Ge-
  schick,
Das aus sich selbst die Reih der Ding'
  und Folgen windet, *)
Das herrisch mir gebeut, und Gott die
  Hände bindet?

Wohlan! ein Schicksal ist, das die-
  se Welt regiert:
Allein, es ist von Gott, der selbst das
  Ruder führt.
Der Fügung innern Bau, die Federn,
  die sie treiben,
Die werden, Mensch! für dich, stets
  ein Geheimniss bleiben.

*) *Aul. Gell. Noct. Att. lib. VI.
c. 11. Senæca, in Oedip. A.
V. v. 988.*

*Non illa Deo vertisse licet,
Quae nexa suis currunt caussis.*

Genug, was Gott beschloſs, muſs gut
    und heilsam seyn:
Den Rath des Ewigen sieht nie ein
    Erdwurm ein.
Kein sterblich Auge folgt der Gottheit
    dunkeln Gleisen,
Verwägner! tadelst du den Obersten
    der Weisen?
Und ahnet dir bereits der Untergang
    der Welt,
Wenn Gott nicht Wunder thut, so
    oft es dir gefällt?

Der Unschuld hilft er gern; doch
    nicht, wie Vorwitz meynet,
Dem Böses öfters gut, das Gut ein
    Uebel scheinet.
Gott hebt den Bösewicht, eh ihn sein
    Donner stürzt:
Mit Reichthum straft er ihn, der seine
    Jahre kürzt:
Der ihm zum Fallstrick wird. Des
    Frommen frühe Baare
Errettet ihn vielleicht von Lastern spä-
    ter Jahre.

Die Unzufriedenheit, der Leiden.
    schaften Frucht,

Erkiest die beste Welt zum Ziel der
    Tadelsucht.
Vor der Geschöpfe Pracht, reich an
    Vollkommenheiten,
Schliesst sie die Augen zu, um nur mit
    Gott zu streiten:
Wird dir, Kurzsichtiger! der Erde
    Raum zu klein?
Vergessener! willst du auf Thiere nei-
    disch seyn,
Die Gott mit Fellen schuff, um dich
    darein zu kleiden?
Ein Korn trägt hundertfach, wer thut
    es von euch beyden,
Du, oder dessen Hand, die deine
    Lästrung schilt,
Wenn sie nicht Sonne giebt, nicht Re-
    gen, wann du willt.

Einst, wie die Fabel sagt, *) er-
    bath vom Haupt der Götter
Ein Bauer für sein Feld ein selbst be-
    liebtes Wetter.
Ihm schenkte Jupiter der Wittrung freye
    Wahl:

*) *Fables de la Fontaine*, Part. II.
liv. VI. 4.

Der Wind blies, wann er fprach; es
  fror, wann er befahl:
Auf feinen Wink kam Schnee, und
  Sonnenfchein und Regen;
Doch alles für fein Feld, nicht feiner
  Nachbarn wegen.
Da blieb es, wie zuvor: fie wurden
  deffen froh,
Und ärnteten ihr Korn, der Wetter-
  macher Stroh.
Er meynt, im andern Jahr follt es
  ihm beffer glücken,
Verwechfelt Dünft und Luft mit war-
  men Sonnenblicken.
Umfonft, fein Feld bleibt leer, der
  Nachbarn Acker trägt.
Er rief, ich war ein Thor, mein Wunfch
  nicht überlegt.
Hilf, lieber Jupiter! der Gott liefs fich
  erweichen.
So weifs die Vorficht mehr, als du
  und deines gleichen.
Ihr Fehler ift es nicht, wenn fich der
  Menfch vergeht,
Bey dem allein die Wahl des Böf' und
  Guten fteht.
Die Freyheit ift das Recht der geifti-
  gen Naturen,

Und eine befte Welt war keine Welt
für Uhren.

Ich traue meinem Gott, der alles,
was mich kränkt,
Eh ich es mir verfprach, zu meinem
Vortheil lenkt.
Eh müffen Berge fich zu meiner Ret-
tung fpalten,
Die Waffer Brücken feyn, und Ra-
ben mich erhalten,
Eh mich der Herr verläfst: auf Gott
fteht mein Vertraun,
Mit ihm will ich beherzt dem Tod ent-
gegen fchaun.
Ich will mit meinem Gott mich unter
Leuen wagen;
Mit ihm durchs Feuer gehn, mich durch
die Feinde fchlagen.
Ich ehre fein Gefchick, ich lobe feine
Welt,
Darinn ich Bürger bin; weil fie Gott
felbft gefällt.

Sollt ich die fchlimme Zahl der Mifs-
vergnügten mehren?
Nein, ich will Gottes Schlufs in allem
willig ehren:

Was mir begegnen wird, was möglich
  ift, wird Er
An mir, an allen thun. Was will der
  Erdklofs mehr?
Ich geh in dem Beruf, darein ich mich
  begeben,
Mit treuem Eifer fort. Dem Guten
  nachzuftreben,
Erfodert die Natur: ihr Wink ift mein
  Geboth,
Das will ich freudig thun; das übrige
  thut Gott.
Ihm foll die Dankbarkeit der Lippen
  Opfer bringen,
Sein Lob verkündigen, und feine Huld
  befingen.
Ihn ruf ich brünftig an, im Unglück,
  in Gefahr;
Ihm weihte die Natur mein Innres zum
  Altar,
Und fchenkte mir das Recht, vor Got-
  tes Thron zu treten,
Und mit gebognem Knie für mich und
  dich zu bethen.

Seyd, Menfchen, ftolz darauf! Der
  Herr des Himmels hört,

So oft ein Sterblicher ihn anzuflehn
         begehrt:
Zu ihm dürft ihr euch nicht durch hun-
         dert Wachen drängen;
Kein Schwarm von Dienern droht euch
         trotzig anzufprengen.
Geht abends, oder früh, ihr findt ihn
         jederzeit
Auf feinem Gnadenftul, und zum Ge-
         hör bereit:
Begierig wohl zu thun, voll Troftes
         für die Blöden,
Hier dürft ihr als ein Freund mit eu-
         rem Freunde reden.

   Wie felig *) ift die Zeit, darinn
         man mit ihm fpricht!
Es brennt des Bethers Herz; die Erde
         reizt ihn nicht,
Da er den Himmel fieht. Ein Strom
         von Seligkeiten
Ergiefst fich über ihn: und die Voll-
         kommenheiten,
Die der entzückte Geift, in Gott ver-
         fenkt, entdeckt,

*) *Wolfs Moral*, §. 753.

Gebähren fülsre Luft, als je der Welt-
    menfch fchmeckt.
Nur leider! ift die Zahl der Bether
    fehr geringe :
Der Menfch, der Lüfte Sclav, hängt
    fich an eitle Dinge.
Die Liebe zum Gefchöpf vertilgt des
    Schöpfers Bild,
Und der verführte Geift wird träge,
    dumm und wild.
Nicht Schwert, noch Geiffel wird ihn
    je zu Gott bekehren:
Vernunft verdammt den Zwang, und
    heifst mit Sanftmuth lehren.

Vor Gott verfammle fich das Volk
    zu heilger Pflicht,
Und faffe mit Begier des Lehrers Un-
    terricht.
Gott fieht zwar auf das Herz; doch
    können äufsre Zeichen *)
Der Andacht Zunder feyn, und jenes
    oft erweichen.
Oft hat ein Glockenfchlag ein Lafter-
    kind erfchreckt,

*) Ceremonien.

Oft ein beweglich Lied zum Guten auf-
    geweckt.;
Oft ein geschicktes Bild ein kaltes Herz
    gerühret,
Daſs es mit neuem Ernſt der Tugend
    nachgeſpüret.
Schon die Natur befahl des Gottesdien-
    ſtes Recht,
Und deſſen Anordnung dem menſch-
    lichen Geſchlecht.
So lag vor dem Altar, und lehrte Got-
    tes Namen
Der fromme Patriarch, der erſten Men-
    ſchen Saamen.
Fern vom Geräuſch der Welt, in ei-
    nem dunkeln Hayn,
In Häuſern, auch im Feld kann die
    Verſammlung ſeyn;
Wo Gottes Ruhm erſchallt, wo in ver-
    einten Chören
Die frommen Bether knien, das höch-
    ſte Seyn zu ehren.

In ſtiller Majeſtät glänzt, o Reli-
    gion!
In eines Weiſen Bruſt, dein feſt er-
    bauter Thron;

Gefäſſelt ſeh ich hier das Heydenthum
    ſich ſchmiegen,
Bey dem der Aberglaub und die Ver-
    folgung liegen.
O welch ein reiner Glanz! welch himm-
    liſches Geſicht!
Ihr Finger aber zeigt auf ein weit hel-
    ler Licht,
Das jener Vorhang ſchwächt. Erlöſung,
    Glauben, Leben!
Gott gab euch: die Vernunft hat euch
    nicht kund gegeben.
Die Gnade reiſst allhier der Menſch-
    heit dunkles Band
Von gläubgen Augen weg, und macht
    uns mehr bekannt.
Hier legt ſich die Vernunft dem Hei-
    ligſten zu Füſſen,
Und ehrt den ſtarken Gott, deſs Wun-
    der Chriſten wiſſen.

Fünftes Buch.

Auch dir geneigt zu feyn, Freund,
    Bruder, andres Ich!
Gebeut Natur und Pflicht; wo wär ich
    ohne dich?
Durch andrer Menfchen Thun erhielt
    ich Geift und Leben;
Die Bruft, an der ich fog, hab ich
    mir nicht gegeben.
Hülfreiche Hände finds, die mich als
    Kind ernährt;
Hat nicht des Freundes Mund die Re-
    de mich gelehrt?
Durch Leitung lernt ich gehn; durch
    treuer Lehrer Gründe
Erkannt ich Gott und Welt, Natur,
    Gefetz und Sünde.
Was thät ich auf der Erd, allein im
    wüften Feld,

In Furcht, vor Bär und Wolf, der
    Wittrung blofs geftellt?
Verdammt zur Wurzeln Koft; auf Bäu-
    men und in Hölen
Die Nacht mit Furcht zu ruhn, des
    Tages mich zu quälen.
Der Tugend fchönfte Flur blieb eine
    Wüfteney.
Wo blieben Grofsmuth, Huld, Ge-
    rechtigkeit und Treu?
Wo, Freundfchaft, bliebeft du? Nein!
    ohne meines gleichen
Würd ich das füfſe Ziel der Wünfche
    nie erreichen.

Drum knüpfte die Natur in uns der
    Liebe Band,
Gab uns ein fühlend Herz, und legte
    Hand in Hand,
Um mit vereinter Kraft nach einem
    Zweck zu ringen,
Und brüderlich allhier einander bey-
    zufpringen.
O Liebe! Gottes Bild, des reinen Him-
    mels Kind,
Durch die die Welt befteht, und Men-
    fchen Engel find;

Zur Ehre der Natur brennſt du in un-
       ſerm Buſen,
Giebſt Tartarn Menſchlichkeit, und
       adelſt den Tunguſen. *)
Durch dich wird jeder Menſch mein
       Nächſter und mein Freund:
Ich lieb ihn als mich ſelbſt, ich lieb
       auch meinen Feind.
Sein Glück iſt meine Luſt, ſein Elend
       iſt mein Leiden;
Was ihn beſelgen kann, das thu ich,
       und mit Freuden.
So oft er mein bedarf, ſo heiſcht die
       Liebespflicht,
Ihm möglichſt beyzuſtehn. Viel grü-
       beln will ich nicht.
Der letzte Biſſen ſoll ihm halb zu Dien-
       ſte ſtehen;
Und ſollt ich mich mit ihm ein Spiel
       der Wellen ſehen, **)
So ſey der Balken ſelbſt, auf dem ich
       mich gewagt,
Dem Abgrund zu entfliehn, dem Näch-
       ſten unverſagt.

*) *Die Tunguſen ſind Einwohner*
eines Theils von Siberien.
**) *Cicero de Offic. lib. III. c. 23.*

Was ihn beleidiget, gebeuth die
Pflicht, zu laſſen,
Weh dem, der Feinde hat! Auch Bett-
ler, die uns haſſen,
Sind Klugen fürchterlich. Auch ſtolzen
Adlern fliegt
Des Schröters Rache nach ; und der
im Staube liegt,
Kann Wolken gegen dich, und finſtre
Nacht erregen.
Haſs giebt den Kleinſten Muth, macht
Nackende verwägen.

Was dir unleidlich iſt, das thu auch
andern nicht ;
Umſonſt ſchilt den Betrug, wer ſelbſt
den Eidſchwur bricht.
Sieh, daſs dein Bruder frey und ſicher
bey dir wohne ;
Sein Leib ſey werth vor dir, auch ſei-
ner Seele ſchone :
Dein Beyſpiel ſey ſein Licht, dein
Wandel geb ihm Kraft,
Dir muthig nachzugehn, und mach ihn
tugendhaft.
Wie kömmt es immermehr, daſs Men-
ſchen Menſchen ſchaden,

Und die ruchlofe Fauſt in Freundes
    Blute baden?

Zerſtörer der Natur, o Haſs! und
    du, o Neid!
Geſchwiſter böſer Art, oft mit ſich ſelbſt
    entzweyt,
Ihr habt den erſten Bund der Sterb-
    lichen zerrüttet;
Durch euch ward Bruders Blut durch
    Bruders Hand verſchüttet:
Sieh her, Barbar! hier liegt dein
    Freund, ſonſt deine Luſt,
Voll Bluts, erſtarrt und todt. Die dir
    getreue Bruſt
Hat deine Fauſt durchbohrt. In dicken
    Finſterniſſen
Irrt ſein verjagter Geiſt. Wie? regt
    ſich dein Gewiſſen?
Ja, Mörder! deine Hand hat ihm das
    Ziel verkürzt,
Ihn in das tiefe Meer der Ewigkeit ge-
    ſtürzt.
Nicht deine ſpäte Reu, nicht jener
    Händeringen,
Die du zu Wayſen machſt, wird ihn
    zurücke bringen.

Sein Schatten aber foll des Tages dei-
ne Pein,
Des Nachts dein Schreckenbild, und
ftets dein Henker feyn.
Die Strafe folget dir auch über breite
Seen;
Flieh wie du willft, du wirft dem Rach-
fchwert nicht entgehen.

Vergeblich pocht dein Stolz auf den
erlittnen Schimpf,
Die Sanftmuth rächt fich nie, braucht
gegen Feinde Glimpf.
Die Unverföhnlichkeit wohnt nur in
niedern Geiftern,
Und eines Weifen wird fich Rachgier
nie bemeiftern.
Dem füffen Frieden hold, flieht er un-
nützen Krieg,
Und wählt Vergleich und Loos für ei-
nen blutgen Sieg.
Gewalt beweifet nie, wer Schuld hat
unter beyden;
Recht oder Unrecht kann der Degen
nicht entfcheiden. *)

*) *Wolfs Grundfätze des Natur-
und Völkerrechts*, §. 789. 790.
G 3

Nie ward mit Schild und Speer ein
     recht Gericht gehegt;
Nie eine Läfterung im Zweykampf wi-
     derlegt.

O Kinder eines Bluts, und eines
     Urfprungs Seelen!
Gott fchuff euch, Menfchen! nicht ein-
     ander hier zu quälen;
Fried ift der Völker Heil: fein Segen
     füllt das Haus,
Befeliget das Land, und fchmückt die
     Felder aus.
Wo edler Friede herrfcht, da mehren
     fich die Heerden,
Da fieht man Künfte blühn, und Her-
     zen fröhlich werden.

Nicht die Natur, *) o nein! die Hölle
     fchuff den Krieg,
Als Mordluft nebft dem Geiz aus ih-
     rem Schlunde ftieg.
Da wurden Stein und Holz der erften
     Krieger Waffen,
Die Sichel ward zum Schwert; aus
     Stahl, zum Pflug erfchaffen,

*) *Wolf loc. cit.* §. 99.

Spitzt Bosheit Pfeile zu; *) der Schmerz
erfand Gewehr,
Und ein gedörrtes Fell gab Schild und
Schleuder her:
Bis ein unselger Witz des Krieges Wuth
vermehrte,
Und *Schwarzens* schröde Kunst die
Menschen donnern lehrte.

Vermaledeyte Kunst! die Städt' in
Schutt vergräbt,
Die starken Wälle sprengt, und feste
Berge hebt.
Hier macht ein Mordgeschütz dem
schweren Erzt Gefieder,
Holt Pferd und Reiter ein, stürzt auch
den Küraß nieder.
Dort springt der dicke Fels durch un-
terirdsche Glut,
Wirft Häuser in die Luft, besprengt
das Feld mit Blut.
Es raucht der Horizont, bestreut mit
Asch und Steinen,
Mit halb gerösteten, zerschmetterten
Gebeinen.

*) *S e n e c a* , *in Hyppol. A. II. v.*
538. seqq.

Welch Unheil gleicht dem Krieg?
welch Elend ift fo fchwer?
Verwüftung geht vor ihm, und tödt-
lich Schrecken her:
Das ungebaute Feld, befät mit Blut
und Leichen,
Bringt Peft und Theurung vor. Das
grofse Gut des Reichen
Wird, wie des Armen Schweifs, be-
wehrter Krieger Raub;
Noch glücklick, wenn das Schwert, oft
gegen Unfchuld taub,
Nicht Raub mit Mord vermengt, kein
Brand das Haus verzehret,
Noch viehifche Gewalt Kind oder Weib
entehret.

Drum fleuch den wilden Krieg! doch,
wenn du kriegen mufst,
So forge, dafs du es des Friedens we-
gen thuft.
Zwar will die eigne Pflicht, dafs fich
der Menfch vertheidigt,
Wenn ein verwegner Feind Leib oder
Gut beleidigt:
Nur geh mit deinem Feind erft die ge-
lindre Bahn;

Gieb nach, fo viel dein Recht dir nur
  geftatten kann.
Nicht alles mufs man fehn, nicht alles
  mufs man hören;
Doch, kannft du nicht entgehn, als-
  dann darfft du dich wehren.

Auch hier lafs, wo du kannft, den
  Bruder unverletzt.
Will es nicht möglich feyn, wenn er
  nun an dich fetzt,
So brauch dich deines Rechts, und
  kämpfe für dein Leben:
Die Noth kennt kein Gefetz. Viel Re-
  geln hier zu geben,
Ift leicht; darnach zu thun, wenn mör-
  drifches Gewehr
Und Tod vor Augen ftehn, ift, glaub
  es, Zentner fchwer.

Auch ift dir nicht verwehrt, wenn
  fich Gefahren zeigen,
Dem Angriff deines Feinds mit Klug-
  heit vorzubeugen.
Wenn Bosheit wider mich den Dolch
  fchon heimlich trägt:
Wenn fie den Zunder fchon an mei-
  ne Scheure legt;

G 5

Soll ich in Ruhe ftehn, und mich nicht
wehren können,
Bis mich ein Stich erweckt, bis Dach
und Sparren brennen?

Ift die Gefahr vorbey, fo denk an
deine Pflicht:
Den Feind, der wehrlos liegt, den un-
tertritt du nicht.
Nur dem erhabnen Geift hat Gott den
Muth verliehen,
Des Feindes Freund zu feyn, ihn aus
Gefahr zu ziehen.
Der handelt königlich, und ftammt von
Götterblut,
Der, wenn er fchaden kann, dem Fein-
de Gutes thut.

Pflicht jeder Zeit! du würdeft zur
Chimäre,
Wenn nicht ein *Epiktet*, wenn kein
Auguftus *) wäre.
Kaum, dafs im Buch der Zeit, zur
Schande für die Welt,
Der Blätter taufendftes von Grofsmuth
etwas meldt.

*) *Seneca de Clement. lib. 1. c. 9.*

Ergrimmte Wüthriche zählt man zu Le-
gionen :
Oft fah man *) Pollions, und jedes
Land *Neronen.*

Du, reize nie den Feind, der wi-
der dich ergrimmt,
Und laſs das Feuer ruhn, das in der
Aſche glimmt.
Verachte keinen nicht. Die Kappe
ſchwacher Thoren,
Der lächerliche Stolz hat manchen
Zwiſt gebohren :
Und warum dünkſt du dich vor jenem
würdiger?
Er iſt ein Menſch, wie du, und du ein
Thor, wie er.
Ihm fehlt es hier und da. Wo iſt der
Menſch ein Engel?
Wer iſt Gebrechen frey? Haſt du nicht
gröbre Mängel?

Der Stolz kömmt vor dem Fall. Wenn
Cäfars Tod ſich naht,

*) *V e d i u s   P o l l i o.* Vide *S e n e c.*
de *Ira,* lib.. 3. cap. 40.

So fitzt er königlich, vor ihm ftoht der
        Senat.
Wenn Frankreichs *Guife* fich fchon in
        Gedanken krönet,
Kühn nach den Liljen greift, und fei-
        nen König höhnet,
So ftehn in dem Gemach, dahin er
        trotzig eilt,
Schon die Gewaffneten zu feinem Mord
        vertheilt.
Wenn auch dein Bruder fehlt, fo fuch
        es zu verhölen;
Der Tadler rührt im Schlamm, macht
        Mücken zu Kameelen,
Harpijen gleich, befleckt fein Geifer,
        was er trifft,
Und auf die Unfchuld felbft ftreut er
        der Läftrung Gift.

Thu keinem leicht zu viel! gieb Lob,
        dem Lob gebühret!
Verfchleufs auch deinen Mund, wenn
        fich die Schmähfucht rühret;
Und fey der Lügen gram, die, wenn
        fie lobet, fchilt,
Und um die Schlangenhaut der Freund-
        fchaft Mantel hüllt.

Der reinen Wahrheit Gold ſey ſtets
    auf deinen Lippen,
Und haſſe den Betrug, der, gleich
    verborgnen Klippen,
Der frommen Einfalt droht, und frem-
    des Gut verſchlingt:
Verflucht ſey, wer mit Liſt des andern
    Hab erringt!
So pflegt bey dunkler Nacht ein fal-
    ſches Licht von weiten
Den müden Wandersmann in Sümpfe
    zu verleiten;
So lockt ein ſüſſer Ton der frommen
    Vögel Schaar
Zu Netz und Schlingen hin. Was nicht
    Gewalt gebahr,
Was Waffen nicht vermocht, das ward
    durch glatte Zungen,
Durch häuchleriſchen Mund und Schlan-
    genliſt erzwungen.

O! wäre doch der Menſch der Tu-
    gend ſtets getreu;
So wiche Wahrheit nie verlarvter Gleiſs-
    nerey.
Das, was dein Herz bejaht, ſoll nicht
    der Mund verneinen:

Doch, will dein bloſſes Wort dem
       Bruder unwahr ſcheinen;
Wenn es die Noth befiehlt, und Men-
       ſchen dir entſtehn:
So laſs Gott Zeuge ſeyn; er kann die
       Herzen ſehn.
Der Allmacht Donner wird die Lä-
       ſterung des Frechen,
Des Lügners falſchen Schwur, den
       ſchweren Meineid rächen.
Erzittre, Sterblicher! dich ſieht, dich
       höret Gott;
Ein ſchreckliches Gericht folgt, Schwö-
       rer! deinem Spott.

Zwar, daſs den guten Zweck kein
       ſchlauer Feind vernichte,
Hält auch die Klugheit oft die Maske
       vors Geſichte.
Was niemand Schaden bringt, und
       andre retten kann,
Das ſieh nicht für Betrug, und nicht
       für Lügen an.
Trau keinem allzuviel; ſey redlich,
       doch verſchwiegen;
Laſs dein Geheimniſs auch nicht ohne
       Noth verfliegen!

Was dir dein Freund vertraut, bewahr
    als einen Schatz;
Nie fand Verrätherey in edlen Herzen
    Platz.
Ohn Abficht rede nie: denn der Na-
    tur Gefetze
Geht auch auf deinen Mund, und dul-
    det kein Gefchwätze.

Unwiederbringliche, vorlängft ver-
    gangne Zeit
Des friedlichen Saturns, befreyt von
    Krieg und Streit!
Hier zeichnete kein Stein die Marken
    grüner Felder,
Kein Fleck das eigne Lamm, kein
    Maalbaum fremde Wälder.
Der Apfel auf dem Baum war deffen,
    der ihn brach;
KeinRäuber trachtete verwahrtenSchät-
    zen nach.
Das Erzt, darum fich jetzt bewehrte
    Schaaren würgen,
Lag frey und ohne Werth, im Feld
    und auf Gebirgen;
Vernunft und Menfchenhuld befchütz-
    ten diefen Stand.

Wo keinem was gebrach, und jeder
    Hilfe fand.
Wie Waſſer, Luft und Licht, gleich
    dem Geruch und Schalle,
War jedes Ding gemein, und der Ge-
    brauch für alle.

Indeſſen häufte ſich der Sterblichen
    Geſchlecht;
Oft beugte die Gewalt des Schwächern
    gleiches Recht.
Die Zeit, da Menſchen noch in rau-
    chen Häuten gingen,
Da man noch Eicheln aſs, miſsfiel den
    Abkömmlingen.
Stolz, Undank, Bosheit, Trug er-
    ſchöpften die Geduld;
Aſträa flog davon, mit ihr Vernunft
    und Huld:
Und die Gemeinſchaft ſelbſt hub an,
    das Haupt zu neigen:
So ward gemeines Gut nun dem Be-
    ſitzer eigen.
Dem Jäger ward der Hirſch, der Fiſch
    dem, der ihn fieng,
Der Vogel dem zu Theil, in deſſen
    Netz er gieng.

Die Perl im tiefen Meer erbeutete der
    Finder;
Und, was der Feind befafs, erfocht
    der Ueberwinder.
Diefs ift das grofse Recht, das den,
    der es befitzt,
Allein zum Herrn erklärt, vor andrer
    Anfpruch fchützt.

Monarch auf feinem Grund, und
    König eigner Güter,
Thut er, was ihm gefällt, und fchal-
    tet als Gebiether.
Für ihn prefst man den Moft, ihm
    trägt das Feld allein;
Sein ift der Lämmer Frucht, und Milch
    und Woll' ift fein.
Der Heerde Leben fteht allein in fei-
    nen Händen:
Nur ihm gebührt die Macht, fie an-
    dern zuzuwenden.
Doch folge deiner Pflicht auch bey dem
    Eigenthum;
Mit dem, was dir gehört, geh allzeit
    menfchlich um.
Hat fchon kein andrer Recht, dir hier
    zu widerfprechen,

So wird doch die Natur der Dinge
  Mißbrauch rächen.

Nie strecke deine Hand nach frem-
  den Garben aus:
Ein ungerechtes Gut bringt Unglück in
  das Haus:
Zum Schimpf der Menschlichkeit giebt
  es so schwarze Seelen,
Die das erworbne Brod uns aus dem
  Munde stehlen.

Wie ein erhitzter Leu oft in der
  stillen Nacht
Sich an das offne Dorf der sichern
  Kaffern macht,
Und, wenn der Hausherr schläft, sein
  bestes Rind erhaschet;
Oft in der Mittagszeit den Hirten über-
  raschet;
Trotz seines Mordgeschreys, ein jähr-
  rig Schaf erwürgt;
Und, eh die Dorfschaft kömmt, sich
  und den Raub verbirgt:
So lockt die Raubbegier, mit unver-
  merkten Schritten,
Das Kind der Finsterniß, den Dieb,
  zu unsern Hütten:

So fprengt ein frecher Schelm den
    fchwachen Wandersmann,
Mit tödtlichem Gewehr, auf freyer Straf-
    fen an,
Und nimmt ihm , ungerührt von des
    Elenden Klagen,
Ein Gut , das Gott und Recht dem
    Böfewicht verfagen.

O Menfch! begnüge dich mit dem,
    was Gott dir gab,
Und wende dein Geficht von fremdem
    Erbtheil ab.
Gieb das verlorne Schaf dem Eigen-
    thümer wieder;
Bereiche dich ja nie mit Schaden dei-
    ner Brüder!
Erftatte den Verluft, daran du Urfach
    bift,
Und gieb den Acker her, der eines
    andern ift.
Schenkt dir ein lächelnd Glück die
    Güter diefes Lebens,
So theil auch andern mit, und fpare
    nicht vergebens.

Du holde Mildigkeit! dich hat der
    Himmel lieb,

Du bist der Menschheit Schmuck. Wie
     edel ist der Trieb,
Urheber vieles Glücks, der Gottheit
     Bild auf Erden,
Der Vater seines Volks, der Tugend
     Schutz zu werden!
Brich Hungrigen dein Brod, und schenke
     deinen Wein
Dem kranken Dürftigen, nicht faulen
     Schmäuchlern, ein.
Gieb Nackenden dein Kleid, und lafs
     durch dein Versehen
Den Armen nie betrübt von deiner
     Thüre gehen;
So wird der Ueberflufs auf deinem
     Haufe ruhn;
So wird die Erde selbst dir ihren Schoofs
     aufthun;
So wird des Himmels Thau die fetten
     Furchen segnen,
Und tausendfache Frucht in deine Saa-
     ten regnen.

Den, der dir Gutes thut, verehre
     lebenslang;
Der kleinste Liebesdienst erfordert un-
     sern Dank.

Kein Uebel schuff die Zeit, das nicht
  im Undank stecket.
Er hat des Sohnes Hand mit Vater-
  blut beflecket.
Wie gegen ihren Freund die Natter
  Bosheit hegt,
Und den zu tödten sucht, der sie im
  Busen trägt:
So lohnt der Undank auch dem, der
  ihm dient, mit Schaden.
Jedoch, ertrotz auch nicht die Wir-
  kung blosser Gnaden.
Dass Menschen Gutes thun, das will
  und heisst die Pflicht;
Doch, dass es die Gewalt erzwinge,
  will sie nicht.

Gewisse Pflichten sind, dazu dich
  auch zu zwingen,
Wir ein *vollkommnes Recht* *) von der
  Natur empfiengen,
Sie gab uns wider den, der unsern
  Ruhestand
Feindselig stören will, die Waffen in
  die Hand.

*) *Wolfs Grundsätze des Natur-
und Völkerrechts*, §. 80.

Sie hiefs *) mit fremdem Brod, auch
      wider deinen Willen,
Wenn alle Hülfe fehlt , mir meinen
      Hunger ftillen.
Und fie erlaubte mir, dem Tode zu
      entfliehn,
Unangefragt ein Rofs aus fremdem
      Stall zu ziehn.

Ein *unvollkommnes Recht* blieb bey
      den Liebespflichten:
Ein jeder foll fie zwar , doch ohne
      Zwang, verrichten.
Auch unter deinem Dach nur diefe
      Nacht zu ruhn,
Hab ich kein völlig Recht. Du kannft
      und wirft es thun,
Wenn du die Liebe kennft: doch,
      willft du mirs verfagen,
So mufs mein müder Fufs mich heute
      weiter tragen.

Zwar wenig Herzen find von Men-
      fchenliebe heifs;
Glut find wir gegen uns , und gegen
      Brüder Eis.

*) *Ebendafelbft.* §. 305.

Nicht zwanzig find gerecht; nicht zehen
    handeln billig,
Und ohne Vortheil iſt kein Menſch
    zu dienen willig.
Hier lehrte ſelbſt die Noth der Menſch-
    heit *den Vertrag*,
Der das von dir erhält, was Bitten
    nicht vermag.
Dein Wort ergänzt mein Recht, dich
    bindet dein Verſprechen :
Verheiſſen, und nicht thun, heiſst
    Treu und Glauben brechen.
Freywillig ſey dein Ja, kein blinder
    Wahn der Grund;
Nie öffne meine Liſt mit Bosheit dei-
    nen Mund.
Wer mit gezücktem Dolch des Näch-
    ſten Beyfall ſuchet,
Und Dinge von ihm heiſcht, die das
    Geſetz verfluchet;
Wer auf Verträge baut, die Unver-
    nunft verſprach,
Faſst Waſſer in ein Sieb, jagt leeren
    Schatten nach.

Zwo Arten des Vertrags, dadurch,
    was uns gehöret,

Dem Nächsten eigen wird , hat die
      Vernunft gelehret :
Die Schenkung und *den Tausch*. Dort
      giebt, aus edlem Muth ,
Der Menfch fein Gut umfonft ; hier
      aber Gut um Gut.
So fah fchon *Ilium* *) von den bewehr-
      ten Thürmen ,
Der Griechen durftig Volk zu Lemnus
      Schiffen ftürmen.
Hier taufchten Herr und Knecht den
      feuerreichen Wein ,
Für Rinder, Fell und Erz, für glänzend
      Eifen ein.
Noch war ein feiftes Vieh der befte
      Schatz der Alten ,
Und Dinge galten viel , die hundert
      Stiere galten.
Der Menfchen fchwache Zahl, die Ar-
      muth erfter Zeit ,
Erhielten auf der Welt des Taufches
      Möglichkeit.

Doch als die Völker fich mit neuen
      Völkern mehrten ,

*) *H o m e r. Illiad. H. in fine.*

Und Menſchen etwas mehr, als Vieh
     und Wein, begehrten;
Als mit der Künſte Witz, der neueh
     Städte Pracht,
Die Zahl der Güter wuchs, da ward
     das Geld erdacht!
Ein dichteres Metall, in tiefer Schächte
     Gründen
Mit Arbeit und Gefahr nur mühſam
     aufzufinden;
Ein Erzt, hell wie der Mond, ein feu-
     rig Gold allein,
Schien das bequemſte Maaſs der Dinge
     Werths zu ſeyn.
Da ſah *) *Theſſalien* mit ſchweren Ham-
     merſchlägen
Das Zeichen des Gehalts auf rundes
     Silber prägen;
Und ſo entſtund der Gott, vor dem
     der Kaufmann kniet,
Auf den des Künſtlers Aug', und auch
     des Landmanns ſieht,
Der über Meer und Berg dem Men-
     ſchen Flügel machte,

*) *L u c a n. Pharſal. lib. VI. v.* 402.
ſeqq.

R. d. V.   **H**

Und Waaren von dem Nil zum kal-
    ten Ister brachte.
Sein Glanz macht Blöde kühn, Un-
    schlüssige bereit;
Giebt müden Armen Kraft, und Bauern
    Höflichkeit.
Vor ihm eröffnen sich der ehrnen Thü-
    ren Riegel,
Der Kisten festes Schlofs, und selbst
    der Herzen Siegel.

Seltsames Mittelgut, das Schmerz
    und Lust gebiert,
Das jeder brauchen mufs, und, der
    es braucht, verliert.
Bald in des Fürsten Schatz, bald in
    der Wechsler Buden;
Heut in des Christen Hand, und mor-
    gen in des Juden;
Gehst du von Volk zu Volk, und trägst,
    von Ort zu Ort;
Ein wechselnd Eigenthum durch tausend
    Hände fort.
Für Geld begiebt der Mensch sich wil-
    lig seiner Rechte,
Giebt Haus und Aecker her, macht
    sich zu andrer Knechte;

Für Geld entfagt er gern dem theuren
Vatertheil,
Und alles ift für Geld, auch felbft die
Hoffnung, feil.

Sey nie des Geldes Knecht, lafs es
nicht müffig roften ;
Mit Unrecht fuch es nie, nie auf der
Tugend Koften ;
Sey ehrlich bey dem Kauf. Dein Maafs
und dein Gewicht
Verkürze nie der Geiz, und was dein
Mund verfpricht,
Dem komme treulich nach; und eile,
dich des Armen,
Der feinen Lohn begehrt, ohn Auf-
fchub zu erbarmen.
Er, von Natur dir gleich, und ein
Gefchöpf, wie du,
Entbehrt, indem du fchläfft, für dich
der füffen Ruh.
In deinem Dienft mufs er mit Hitz
und Froft fich plagen,
Und die zu fchwere Laft auf mürben
Schultern tragen,

Und doch befchneideft du, geld-
hungriger Barbar!
H 2

Die Hand voll sauren Brods, das wohl
   verdienet war?
Der Bissen, den du raubst, der wird
   gen Himmel schreyen,
Und der verkürzte Lohn dein Vater-
   gut zerstreuen.

Dem Nächsten leihe gern umsonst
   dein müsges Gut,
Woferne der Gebrauch ihm keinen
   Schaden thut.
Was hinderts, ob dein Pferd auf kur-
   ze Zeit im Jahre
Dem Freunde nützlich sey, ob es dein
   Stall verwahre?
Was schadets, wenn das Buch, das
   in dem Schrank bestaubt,
Mir deine Höflichkeit auf wenig Tag'
   erlaubt?

Den schnöden Wucher flieh, der
   sich vom Blute nähret,
Durch ungerechten Zins der Wittwen
   Gut verzehret,
Und den Unglücklichen, der sich zu
   helfen denkt,
Durch schändlichen Gewinnst in tiefern
   Schlamm versenkt.

O felfenhartes Herz! erweicht dich
   nicht das Flehen
Der Kinder, die vor dir entblöfst und
   hungrig ftehen?
Ihr Acker ift fchon dein, und du be-
   wohnft ihr Haus:
Dich zu befriedigen, ziehn fie die Klei-
   det aus.
Sie biethen dir ihr Blut, um von des
   Schuldthurms Ketten
Den Greis, den du verfolgft, den Va-
   ter zu erretten!
Umfonft! wann hat ein Wolf der Scha-
   fe Flehn erhört,
Und welche Zunge hat den Tyger Huld
   gelehrt?
Taub gegen die Natur, der Menfch-
   lichkeit beraubet,
Braucht er das ftrenge Recht, das ihm
   der Staat erlaubet.

Das Gut, das du erborgft, fieh nicht
   als deines an;
Nur auf gewiffe Zeit ward es dir aus-
   gethan.
Betrüger finds, die leihn, und nicht
   bezahlen können,

Der fremde Pfennig wird einst ihr Ge-
    wissen brennen.
Weh dem, der andrer Gut durch sei-
    ne Gurgel jagt,
Und über dessen Trug der arme Wayse
    klagt.

Du alte Redlichkeit! wo soll man
    dich jetzt finden?
Wo ist der seltne Mann, den seine
    Worte binden?
Der Vater täuscht den Sohn, der Freund
    berückt den Freund.
Und Falschheit scheidet die, die das
    Geblüt vereint.
Die Welt ist voller List, des Priesters
    heilge Mine
Trügt wie des Layen Schwur: selbst
    unterm Hermeline
Wohnt Bosheit, wie im Sack, darinn
    der Bauer geht.
Trug ist die grosse Kunst, die Jung und
    Alt versteht.
Diess zwang die Sterblichen, sich sel-
    ber zu beschämen,
Auf Handschrift oder Pfand von andern
    Geld zu nehmen.

So weit kam es mit dir, betrügri-
  fches Gefchlecht!
Papier und Pergament gilt mehr, giebt
  ftärkres Recht,
Als dein Vertrag und Schwur! Nicht
  dir, nein, deinem Felde]
Vertraut der Gläubiger etwas von fei-
  nem Gelde.
Der Lügner gröfsre Schaar, davor dem
  Leiher graut,
Macht, dafs man ohne Pfand und Bür-
  gen keinem traut.
Auch Bürgen fcheuen fich für jeden gut
  zu fagen.
Willft du der Kinder Brod für faule
  Schuldner wagen?

Sey liebreich mit Vernunft: nur weife
  Huld ift ächt,
Giebt jedem, was fie foll, und krän-
  ket keines Recht.
Kein Schimmer äufsrer Macht, kein
  Geld, das Scláven rühret,
Hält den Gerechten ab, zu thun, was
  ihm gebühret.
Gleich feurig zu dem Schutz des Edlen
  als des Knechts,

Iſt er der treue Freund des menſchli-
chen Geſchlechts;
Unfähig zu der Kunſt, die den Ver-
trag verdrehet,
Hält er dem Fürſten Wort, wie dem,
der nackend gehet,
Bey ihm iſt, was du haſt, ſo ſicher,
als bey dir:
Das ihm geliehne Gut zieht er dem
eignen für;
Im kleinſten Werk getreu, verſchwie-
gen bis zur Baare,
Und zu des Freundes Dienſt *) bereit
bis zum Altare.
Hört, Bürger der Natur! den Inhalt
aller Pflicht:
*Lernt die Gerechtigkeit, vergeſſet Got-
tes nicht. **)*

---

*) W olfs Grundſätze des Natur- und
Völkerrechts, §. 138.

**) *Diſcite juſtitiam, moniti, nec
temnere Divos!*

Die Augenkrankheit *)

Es ist aus, ich soll verderben,
Und vor meinem Tode sterben,
  Ich verliere das Gesicht,
  Und o Schmerz, das Leben nicht!
Kann Gott stärkre Last auflegen?
  Nein, kein Hiob trägt so schwer.
Jugend, Wissenschaft, Vermögen
  Sagt, was helft ihr mir nunmehr?

Der verdeckten Augen Schatten,
Die so schlechten Anfang hatten,
  Drohen, da sie sich verjährt,
  Eine Nacht, die ewig währt.
Rathet, wie ein Mensch sich quäle,
  Der gesund und Lebens voll
In des finstern Kerkers Höhle
  Ohne Rettung schmachten soll.

*) *Dieses Gedicht, wozu der Ver-*
fasser durch seine Augenkrankheit
veranlasset worden, ist in der zwey-
ten Auflage seiner Fabeln vom Jahr
1758. N. V. enthalten.

Kräuter, Brunnen, Bäder, Säfte
Haben für mich keine Kräfte,
  Und der Aerzte ftummer Mund
  Thut das herbe Schickfal kund.
Alle Hoffnung ift verlohren,
  Keine Kunft mag hier beftehn,
Und ich bin dazu gebohren,
  Um in Elend zu vergehn.

Tod der Aeltern, frühe Sorgen
Schwärzten meiner Jahre Morgen,
  Nie empfand die zarte Bruft
  Kummerlofer Kindheit Luft.
Mit dem Alter wuchs die Plage,
  Und der Augen Dunkelheit
Raubt im Mittag meiner Tage
  Mir die Hoffnung befsrer Zeit.

Ein erbittertes Verhängnifs
Macht den Leib mir zum Gefängnifs;
  Welt, Natur, mein Freund fogar,
  Werden vor mir unfichtbar.
Eine Gruft voll fchwarzer Sorgen,
  Düftre Schatten warten mein,
Für mich wird forthin kein Morgen,
  Für mich wird kein Abend feyn.

Die abfcheulichfte der Strafen,
Die des Adams Saamen trafen,
  War die Blindheit, deren Gift
  Selbft den Tod noch übertrifft.
Furcht verfteinert meine Glieder,
  Schwindelnd feh ich vor mir hin,
Und zu jenem Abgrund nieder,
  Dem ich fchon fo nahe bin.

Freunde, deren Treu im Lieben,
Gleich dem Golde, rein geblieben,
  Wifst, es ift um mich gefchehn!
  Ich werd' euch nie wieder fehn!
Hab ich Gunft bey euch gefunden,
  O fo ftimmt dem Wunfche bey,
Dafs der Zeiger meiner Stunden
  Abzulaufen rüftig fey.

Auch von euch foll ich mich fcheiden,
Bücher, o welch herbes Leiden!
  Raubt das Glück auch diefen Troft,
  Meines Geiftes befte Koft?
Dürft' ich euch nur nicht vermiffen,
  So vergäfs' ich noch den Tag,
Und die fchwarzen Finfterniffen
  Würden mir ein fanfter Schlag.

H 6

Eine Thür steht mir noch offen,
Eine Macht läst mich noch hoffen,
    Deine Macht ists, ew'ges Licht,
    Die mir annoch Heil verspricht.
Deine Stralen sind vermögend
    Alle Nebel zu zerstreun,
Sprich, so wird die düstre Gegend
    Meiner Augen helle seyn.

Willst du denn dein Bild verheeren,
Das die Engel in mir ehren?
    Soll mein Leib, dein Tempel nun
    Gleich vermaurten Hütten ruhn?
Wirst du denn das Glied vernichten,
    Das dich mir hat vorgestellt?
Nein! du wirst nicht also richten,
    O du Richter aller Welt!

Möglich ist es zu genesen,
Was ist dir zu schwer gewesen?
    Herr! und deine Huld beweist,
    Daß dazu du willig seyst.
Deine Wahrheit im Verheißen,
    Und dein Wort, du Lebensfürst,
Soll kein Zweifel mir entreißen,
    Daß du mir auch helfen wirst.

———

Anhang.

I

Gedichte auf Lichtwers Tod.

Sein Freund, der beliebte *Gleim*, klagte über die träge Fühllofigkeit der Dichter, dafs fie diefem groffen Manne kein Denkmahl ftifteten, in folgendem Sinngedichte:

Die Mufen fangen, und die Faunen,
Als unfer Gellert uns verliefs. —
Als unfer Lichtwer ihm nachflog ins
      Paradies,
Da ftanden alle ftumm! — Ach, was
      find das für Launen!

Doch nein; nicht alle waren ftumm. Gleich in den erften Tagen nach feinem Hintritt las man in der Berliner-Haudenfchen - Zeitung, von 1783 Nro. 84 folgendes:

Auf Lichtwers Tod.

Als *Lichtwer* im Olymp erſchien,
Umarmten *Hagedorn* und *Gellert* Ihn;
Sein Grab läſst *Gleim* und *Pfeffel* blühn!

Ein anderer Freund verſuchte es,
dieſen Gedanken, mit Beybehaltung
der beyden erſten Zeilen, ſo umzubil-
den:

Als *Lichtwer* im Olymp erſchien,
Umarmten *Hagedorn* und *Gellert* Ihn,
Auch *Themis* legte Schwerdt und Waa-
ge nieder,
Und drükt' Ihn zärtlich an die Bruſt. —
Im Himmel war das freylich Luſt;
Wer aber giebt uns unſern *Lichtwer*
wieder?

Der ſeelige, fromme, launigte *Ben-*
jamin Michaelis, hatte ihm ſchon lange
vorher unter den beſten deutſchen Dich-
tern ein ſanftes Grabmahl in einem
Birkenhayne zugedacht, wenn er in dem
erſten ſeiner herrlichen poetiſchen Brie-
fe: *Die Gräber der Dichter* genannt,
alſo von ihm ſingt:

Und meinen Lichtwer, wenn er uns,
    verläſst,
O! den, den frohen Mann, begrab
    ich unter Mayen.

Jetzt aber trat beſonders unſer be-
liebter *Klamer Schmidt*, hervor, um
Lichtwers hochverdientes Andenken zu
verewigen.

Ueber Lichtwers Tod.

Der Engel einer, nicht mehr unſer iſt
Der groſſe Geiſt, der uns zur Antwort
    half,
Wenn, Stolz im Blick, Ruhmräthig-
    keit im Gang,
Der Gallier die groſſe Frage that:
„ Wir haben unſern Lafontänen; haſt
„ Du Deutſcher, deine Lafontänen
    auch? "

Der Engel einer, nicht mehr unſer iſt
Der gute Vater ohne Gleichen, der
Schon ſterbend, ſeine Kinder um ſich
    her
Verſammlete, mit Ruhe lächelnd: „ Ihr

„ Betrübtet mich, ſo lang' ich lebte,
nicht

„ Ein einzig mahl! Euch ſeegne Gott
dafür ! "ʻ.

Der Engel einer, nicht mehr unſer iſt
Der edle Diener ſeines Königes,
Der freudiger zu ſeinem Tagwerk flog,
Als mancher wohl zu Schmaus und
Becher; der
Recht allen ſprach, weil Recht es war,
und nicht
Um der Perſon, um Goldes willen nicht.

Der Engel einer, nicht mehr unſer iſt
Der brave Mann, der aller Menſchen
Freund
Deſswegen war, weil aller Menſchen
Wohl
Und Weh dem Edlen heiſs am Her-
zen lag;
Weil jenes mehren, dieſes mindern, er
Scherzweiſe ſeine *liebe Rechenkunſt*
Zu nennen pflegt'. Er wars, der lie-
ber that,
Als ſprach, und Sprechereien in den
Wind,
Von andern, nie in ſeinem Kreiſe litt.

Der Engel einer, nicht mehr unfer ift,
Der vieles wufste, doch am treuften
diefs :
Dafs Tugend und Rechtfchaffenheit
allein
Das fey, was uns der Gottheit ähnlich
macht!
Bey diefer groffen Wiffenfchaft empfieng
Er ftill und freundlich feinen Genius
Mit ausgelöfchter Fackel: denn von Ihm
Ein alter liebender Bekannter war
Der Genius; dafs er ihn hin zu Kleift
Und Leffing brächte, wufst er für gewifs.

Nehmt dann, ihr Engel, euren Licht-
wer hin!
Dafs nicht mehr unfer euer Lichtwer
fey,
Hab' ich mit einer Thräne fchon ge-
klagt,
Vor Gott! geklagt vor Gott, vor Men-
fchen nicht,
Denn ach! die Menfchen kannten Ihn
nicht ganz;
Auch fahn nur wenig' Ihn in jenem
Licht
Der Herrlichkeit, worinn ein groffer
Mann,

Wie diefer war, gefehen werden mufs.
Nehmt, o ihr Engel, euren Lichtwer
hin!

———————

Im *deutfchen Mufeum* vom October
1783. erfchien ein fchönes Gedicht von
dem vortrefflichen *Grafen Fr. Leop. zu
Stollberg*, unter der Auffchrift: *An
Lichtwer*; ein Gedicht, das, wie alle
Producte diefes großen Genies, fowohl
feinem Verfaffer, als unferm Lichtwer,
Ehre bringt. Es enthält eigentlich nur
ein ausgemahltes Gegenbild zu *Licht-
wers* zwoter Fabel im dritten Buche,
welche unter dem Titul: *Die feltfa-
men Menfchen*, das Thörigte des Kar-
tenfpiels und die Eitelkeit des geräufch-
vollen Stadtlebens befchreibt.

An Lichtwer.

Strenua nos exercet inertia.
Hor.

Nimm fpäten Dank, für Freuden,
die du früh
Dem Knaben fchenkteft, als nur du
und Gleim,

Mit vollen Schalen aus der Mufenquell
Mich und den Bruder tränkteſt, wenn
           wir bald
Von Fotis Zauberhöle *) Feld und Hain
Erſchallen ließen ; bald das laute
           Marſch!
Von Moriz, ehe Friedrich war zu ſehn,
Und dann, als Friedrich war zu ſehn,
           das Marſch
Des ganzen Heers durch Mark und
           Bein uns ſcholl.

     O Lehrer meiner Kindheit! der mir
           oft
Den Kräuſel und den bunten Ball ent-
           riſs ;
Vermag dein Lied bey groſſen Kindern
           nichts,
Daſs ſie den Tand, der minder harm-
           los iſt,
Wie Ball und Kräuſel von ſich wer-
           fen? Wer
Hat ſo, wie du, mit ſichrer Meiſter-
           hand

*) S. *Lichtwers Fabeln*, 3. Buch,
  1. Fab.

Der bunten Blätter *) Thorheit ftark
gemalt,
Als du von denen, die ihr fröhnen,
fangft:
Sie feyn den Furien des Tartarus
An Wuth, an Angft den Miffethätern
gleich. **)

Viel find der Thorheit Schellen, und
es ift
Ihr Federbufch von allen Farben bunt;
Doch jedem Alter tönt nicht jeder Klang,
Und jeder Stand und jegliches Gefchlecht
Sucht eine Feder zum Panier fich aus.
Nur diefer Einen Schelle dumpfer Klang
Tönt, wie die Sturmglock', jeglichem
Gefchlecht:
Matrone, Jüngling, Mädchen, Mann
und Greis
Verfammlen um die Eine Fahne fich,
Und taumeln eitler Hoffnung blindlings
nach,

*) *Der Spielkarten; S. 3. B.
2. Fab.*

**) *Siehe die feltfamen Menfchen in
Lichtwers Fabeln.*

Von Armuth , Angſt und Wut und
       Schmach gefolgt.
Wie ſchimmert dort der kerzenhelle
       Saal,
Voll , ſtill und ſtarrend , wie die Bühne,
       wann :
„ Doch , meine Tochter, doch! ‘‘ der
       Vater ruft ,
Und nun den Stahl in ſeine Tochter
       ſtöſst !
Ich ſchreite, kaum bemerkt, durch lan-
       ge Reihn
Der grünen Tiſche hin : hier ward ſogar
Der Dieb am Lichte nicht bemerkt , bis
Des Fräuleins Hauptputz hell in Flam-
       men ſtand ,
Dem andern Dieb ein günſt’ger Au-
       genblick ,
Der ſchlau die Karte durch einander
       warf.

Welch Unhold keucht zu meiner Lin-
       ken hier !
Ein zahnlos Weib , das an der Gru-
       be wankt ,
Mit weiſſer Schminke , wie ihr Grab ,
       getüncht.

Rubin und Demant blitzt im falschen
       Haar,
Wie bald das Wappenschild in ihrer
       Gruft.
Wie schnappt die dürre Hand dem
       Golde zu,
Indeß der Krampf in allen Fingern
       zuckt!
Ihr gegenüber wägt Herr Lobesan,
Der Präsident, ein *pro* und *contra* ab.
Es schwanket zwischen Pick und Tref
       sein Geist:
Denn unbestochen wägt man nicht so
       schnell.

    Mit feilem Lächeln spielt Luzinde
       dort
Die rothen Herzen ihrem Liebling aus.
Der Liebling weiß zu leben, und er-
       kauft
Geheime Freuden, die er zwiefach büßt.

    Mit beyden Buhlern spielt an einem
       Tisch
Die schöne Chloe. Stolz auf ihre Macht,
Versprach sie doppelte Triumphe sich.
Dem einen winkt sie Hoffnung, und
       berührt,

Indem fie Karten giebt , des andern
       Hand.
Zweydeutig fchwangt die Wagfchaal'
       ihrer Gunft ,
Und zwifchen beyden theilet fie fich
       fchlau ,
Wie man die Sonne vor dem Zwey-
       kampf theilt ;
Sie aber fcheinen nur ins Spiel verfenkt.
Doch nun entbrennen fie, fie fahren auf.
Erwacht die Liebe? Nein! der eine hat
Argine ftatt der Pallas ausgefpielt.

Sieh diefe mit den fchönen Augen an.
Sie hüpfte geftern, wie ein Reh, im Tanz,
Und Lycidas entbrannte fchnell für fie,
Dem Edelmut in jeder Ader fchlägt ,
Für welchen fie der braunen Locken
       Glanz
Auf ihren Schwanenbufen fchmachtend
       wiegt.
Ein Blick , der ängftlich auf die Karte
       fiel ,
Entrifs auf immer ihr den Lycidas.
Geh, edler Jüngling, fuche fern vom
       Hof
Und von der Stadt in ftillen Hütten dir
Ein gutes Kind mit Taubenaugen aus!
R. d. V.   I

Dem schönen Auge, welches schärfer
	blickt,
Wenn Gold ihm schimmert, hat die
	Luft der Welt
Den Morgenthau der Unschuld ausge-
	saugt.

Wie jener alte Krieger dort erblafst!
Herr General, sahn Sie so ängstlich aus,
Als Laudon Ihnen gegenüber stand,
Und in dem grummen Thal sein Don-
	ner scholl?
Ist furchtbarer, als Tolpatsch und
	Pandur,
Der rothe Bube? schreckt der frohe
	Blick
Des Fräuleins mehr, als Laudons Ad-
	lerblick?
Kleinmut ist Kleinmut, mein Herr Ge-
	neral!
Ob Erz Sie blendet, oder Gold, so sind
Sie eine Memme, mein Herr General!

Sieh jenen grossen runden Tisch,
	wo Angst,
Wo Hoffnung, Schadenfreude, stille
	Wut

In Blicken ſtarrt, und auf den Lippen
    bebt!
Erwartung hält die Sitzenden ſo ſtill,
Daſs hörbar mir das Herz des Dom-
    herrn ſchlägt,
Der herzlos ſonſt ganz Mund und Ma-
    gen iſt.
Mit Aug' und Seele hangen ſie an dem,
Der in der Mitte, wie ein Richter ernſt,
Die Karten abzieht, Miſſethätern gleich,
Die groſſer Frevelthat Genoſſen ſind,
Und Todeswürfel werfen, wen das Rad
Zermalmen, wen das Loos befreyen ſoll.
Wie mancher ſchleichet ſpät, vom Mor-
    genſtern
Belauſcht und fluchend ins verarmte
    Haus,
Wo wachend ſein die Gattinn zagend
    harrt;
Wie manche Rabenmutter achtets nicht,
Daſs Kinder, die ſie unter'm Herzen
    trug,
Verſchmachten; manche Rabenmutter
    läſst
Den Säugling darben, bis das Mor-
    genroth
Den trüben Horizont der Stadt erhellt.

Vom Spiel erhitzet und vom Wachen,
beut

Sie zürnend Gift der Panze, welche
früh

Und fpät, fo klagt fie, nach den Brü-
ften fchreyt.

Zu glücklich, wenn er Gift ins Blut
allein,

Nicht trübe Quellen niedrer Leiden-
fchaft

Mit feiner Mutter Milch ins Leben faugt!

Mich, fprichft du, trift kein Vor-
wurf. Selber reich,

Spiel' ich mit Reichen, achte den Verluft
Gering, geringer den Gewinn. Es fey!

Verfuch es, fpiel um Bohnen! Wird
die Luft

Dir dannoch bleiben? Ein Beweis,
mein Freund,

Daſs Kitzel des Gewinns und des Ver-
lufts

Zwo Stunden kärglich dich auf Dor-
nen wiegt.

Und achteft du den Flug der Zeit für
nichts?

Stockt ihre Sanduhr auf dem grünen
Tifch?

Du ſpieleſt mit der Zeit, die nie verliert
Und ſtets gewinnt! Du klagſt, ſie ei-
le ſchnell,
Und wirfſt, wie Rechenheller, Stun-
den hin,
Dem Bettler ähnlich, der aus Wahn-
ſinn bettelt,
Und in den Strom das blanke Silber
wirft.
Dir lüget täglich die Erwartung, zeigt
Dir Freuden, deren keine dir erſcheint.
Befrage die Erinrung? Iſt der Blick
Auf Stunden, die am Spieltiſch dir
entflohn,
Dir, wie der Blick auf frohe Kindheit,
lieb,
Da du auf freyem Feld, im jungen
Schwarm
An Fäden bunte Drachen ſchweben
ſahſt?
Du ſprichſt: Der Kinderjahre Freud'
iſt hin.
Freund, jede Zeit hat ihre Freuden; nur
Die groſſe Welt hat keine wahre Luſt!
Der Weltling gleichet jenem Tan-
zenden,
Den die Tarantel auf die Scheitel ſtach;

Sein Tanz ist Fieber, Ohnmacht sei-
ne Ruh.
Freund, du bist krank, und keine
Brunnenkur,
Kein Bad erneuet deine Kräfte dir;
Doch wenn der Krankenstube Dunst
dich nicht
Für Hauche reiner Luft verzärtelt hat,
So lass das grosse Hospital, die Stadt,
Und athme in dem Schoosse der Natur
Genesung, saug an ihrer warmen Brust
Gesundheit, Ruhe, Freud' und Ein-
falt ein!
Lass dich die Freundschaft, lass die
Musen dich
Besuchen. Wie, du jähnst? Es wan-
delt schon
Die Langeweile meines Raths dich an?
So geh' und krank' und spiele, bis
der Tod
Die schwarzen Würfel um dein Leben
wirft!

II.

Lichtwers Schriften.

Akademifche Differtationen.

„*Retractum legalem in lo-*
„*catione locum non habe-*
„*re: praefide Andr. Flor. Rivino,*
„*D. &c. &c. prò gradu doctoris ca-*
„*peffendo d. 24. Apr. MDCCXLIV.*
„*publice differet Magnus Gothofre-*
„*dus Lichtwer, Wurcenenfis, prelo*
„*Ephr. Gottl. Eichsfeldi.* 1744 in
„ 4to. fünf Bogen, und die dahinter
„befindliche Einladungsfchrift des
„ Hofraths Rivinus noch befonders
„ auf 2 Bogen. “

„*De jure aperiendi fepulcri,*
„*fpeciatim differit, & praelectiones*
„*in Inftitutiones Juftinianeas, &*

„ *dialecticam , indicit , Magnus Go-*
„ *thofredus Lichtwer. Phil. & Jur.*
„ *D. Vitebergae , ex off. Schloma-*
„ *chiana , 1747.* Drey Bogen , in
„ Quart. "

„ *De factis legatis, diatribe ,*
„ *auctore Magno Gothofredo Licht-*
„ *wer, Jur. & Phil. D. Vitembergae*
„ *ex off. Schlomachiuna.* Fünf Bo-
„ gen Quart. "

Fabeln.

Erſte Ausgabe.

„ *Vier Bücher aeſopiſcher Fabeln , in*
. „ *gebundener Schreibart. Leipzig ,*
„ *bey Wolfgang Deer* , 1748. Eilf
„ Bogen , in Octav. mit einem in
„ Kupfer geſtochenen Titelblatte. "

Zwote Ausgabe.

„ *Vier Bücher aeſopiſcher Fabeln , von*
„ *M. G. Lichtwer* , Königl. Preuſs.
„ Regierungsrath im Fürſtenthum

„ Halberſtadt, des Stifts *S. S. Boni̇f.*
„ *& Maur.* daſelbſt, wie auch zu
„ Wurzen Canonico. Zweyte Aufla-
„ ge, nebſt einem Anhange. Ber-
„ lin, bey Gottlieb Auguſt Lange,
„ 1758. Dreyzehn Bogen in groſs
„ Octav, nebſt einer Titelvignette
„ von Glaſsbach.

Dritte, angeblich verbeſſerte Ausgabe.

„ *Herrn M. G. Lichtwers, Königl.*
„ *Preuſs. Hof - und Regierungsraths*
„ *im Fürſtenthum Halberſtadt, aus-*
„ *erleſene und verbeſſerte Fabeln und*
„ *Erzählungen, in zweyen Büchern.*
„ Greifswalde und Leipzig, bey Jo-
„ hann Jacob Weitbrecht, 1761. In
„ Octav 9 Bogen.

Vierte Ausgabe.

„ *M. G. Lichtwers, Königl. Regie-*
„ *rungsraths im Fürſtenthum Hal-*
„ *berſtadt, Fabeln, in vier Büchern,*
„ *von dem Verfaſſer ſelbſt herausge-*
„ *geben. Dritte Auflage. Berlin,*

I 5

„ 1762 , *bey Gottlieb Auguft Lange.*
„ gr. Octav , 13 Bogen , mit 4 Kup-
„ ferftichen , und 3 Vignetten.

Fünfte neuefte Ausgabe.

„ *M. G. Lichtwers, Königl. Preuſs. Re-*
„ *gierungsraths im Fürftenthum Hal-*
„ *berftadt , Fabeln , in vier Büchern,*
„ *von dem Verfaſſer felbſt herausge-*
„ *geben. Vierte Auflage , mit Ku-*
„ *pfern. Berlin und Stralfund , bey*
„ *Gottlieb Auguft Lange , 1775. gr.*
„ *Oct. 13 ¼ Bogen.*

Sechste franzöfifche Ausgabe.

Fables nouvelles , diviſées en quatre
livres. Traduction libre de l'alle-
mand de M o n ſi e u r L i c h t w e r.
à Strasbourg , chez Jean Godefroy
Bauer , & fe trouve à P a r i s , chez
Langlois , libraire , ruë de la harpe,
près de la ruë percée , à la couron-
ne d'or. MDCCLXIII. in Oct. 17.
Bogen. Am Ende fteht der Druck-
ort : *à Colmar , de l'imprimerie*
royale.

Das Recht der Vernunft.

„*Das Recht der Vernunft , in fünf*
„*Büchern, von M. G. Lichtwern,*
„*Königl. Preuß. Hof - und Regie-*
„*rungsrath im Fürstenthum Hal-*
„*berstadt. VIRGIL. Discite*
„*justitiam, moniti, & non*
„*temnere Divos.* Leipzig ,
„ verlegts Bernhard Christoph Breit-
„kopf, 1758.‘‘ in klein Quart, 17
Bogen. Ueber jedem Buche eine
saubere , auf den Inhalt desselben
anspielende Kupfervignette, gezeich-
net und gestochen von Crusius.

Er wollte es erst *Recht der Natur,*
und hernach *Recht der Menschheit ,*
nennen; wählte aber zulezt, auf Gott-
scheds Zureden , den obigen Titel:
Recht der Vernunft. Ueberhaupt hat-
te er vorher mit Gottsched über dies
Werk einen sehr umständlichen Brief-
wechsel gepflogen , als welcher den
ganzen Abdruck des Werks übernahm,
mit dem Verleger desshalb in Unter-
handlung trat , den fortlaufenden Text
in Absätze oder §§. vertheilte , die Cor-

I 6

rectur beforgte, die einzelnen Bogen, fo
wie fie aus der Preffe hervortraten, an
den Verfaffer übermachte, die Kupfer,
nach Lichtwers Angabe, in Leipzig
zeichnen und ftechen, auch zulezt 12
Exemplare des fertigen Werks allda
fauber binden liefs, und folche ihm
hicher auslieferte. Die Zueignungsfchrift
ift in vier Strophen an den König ge-
richtet, der fich damals in Breslau be-
fand, als wohin der Verfaffer folches
überfandte, auch fo fort, mitten unter
dem Geräufch der Waffen, folgende
höchft gnädige Antwort erhielt:

*Sa Majefté le Roi de Pruffe, notre
tré's gracieux Souverain, a reçu le livre,
que le Confeiller de Regence Lichtwer
a bien voulu Lui envoyer à la fuite de
fa lettre du 21. du mois précedent:
& Elle le remercie de l'attention, qu'il
a temoigné par là à fa Majefté. Elle
ne doute point, que le fujet de fon
ouvrage, & la façon, dont il l'a trai-
té, ne lui faffe honneur. à Breslau,
le 26 Mars 1758.*

FEDERIC.

Das Lehrgedicht felbſt zeuget von
groſſem Fleiſſe und tiefer Beleſenheit
in den alten und neuen Weltweiſen
und Geſchichtſchreibern; legt zugleich
ſeinen eigenen philoſophiſchen Kopf,
ſeine Rechtswiſſenſchaft, ſeine dichteri-
ſchen Talente, und ſein rechtſchaffe-
nes Herz dar. Es enthält eigentlich das
Recht der Natur, mit der philoſophi-
ſchen Moral verknüpft, indem es eine
allgemeine Theorie des Guten und Bö-
ſen abhandelt, wovon die Sittenlehre
die Ausübung zeigt; und dieſe rühm-
liche Abſicht, dem menſchlichen Ge-
ſchlechte die Tugend angenehmer, und
das Laſter gehäſſiger zu machen, wird
wohl niemand verkennen. Iſt aber je
eine Schrift widerſprechendem Lobe
und Tadel unterworfen geweſen, ſo
war es dieſe gegenwärtige.

Gottſched war über dieſes vortreffli-
che dogmatiſche Gedicht ganz entzückt,
und hat es in dem *neueſten der anmu-*
thigen Gelehrſ. vom Hornung 1758.
Num. 2. S. 94 — 104 mit den bey-
fälligſten Lobeserhebungen, und mit
Einrückung einiger Stellen daraus, um-

ftändlich recenfirt. Gleichergeftalt lief-
fen auch andere, befonders die *Ham-*
burgifchen freyen Urtheile und Nach-
richten, im 30. Stück vom 18. April
1750 diefem Werke den vollkommen-
ften Beyfall wiederfahren.

Dagegen haben noch andere eben
diefes mühfame Werk ganz herabzu-
würdigen gefucht. Hieher gehört be-
fonders die *Bibliothek der fchönen Wif-*
fenfchaften im dritten Bande, 2 Stück.
Num. 5. wofelbft der Recenfent Seite
263 bis 280 folches auf eine fehr
ftrenge Art weitläuftig behandelt, dem
Verfaffer zwar, als Fabeldichter, in
fo weit noch immer Gerechtigkeit wie-
derfahren läfst, diefem didactifchen
Gedichte aber dabey allen Werth ab-
fpricht. Einzelne Flecken in einem Ge-
dichte, meynt er, ftünden, nach Ho-
razens Rath, wohl zu überfehen; wenn
fich aber ein Gedicht nie über das Mit-
telmäffige erhöbe, und die beften Stel-
len kaum etwas mehr, als erträglich
wären, fo beleidigte ihn der kleinfte
Fehler, u. f. w. Er will darin über-
all ein froftiges Wefen, den Ausdruck
fchwach und unangenehm finden; da

ihn doch unſer Dichter in der aeſopi-
ſchen Fabel ſo ſehr in ſeiner Gewalt
hätte. Auch die Zuſchrift an des Kö-
nigs Majeſtät wird ſcharf mitgenommen,
und die Benennung: *Ode*, geſtrichen;
zuletzt aber der Rath ertheilt, der Herr
Verfaſſer möge auf die Verbeſſerung
dieſes Lehrgedichts nur keine Zeit wen-
den; es wäre vielmehr zu wünſchen,
daſs er ſich auf eine Gattung der Poeſie
einſchränkte, in welcher er gezeigt ha-
be, daſs er Meiſterſtücke liefern kön-
ne; und daſs er ſich von dem Vorur-
theile nicht blenden laſſe, als müſste
einem vortrefflichen Fabeldichter auch
ein ſchönes Lehrgedicht gelingen.

Gleichergeſtalt will auch der ſcharf-
ſinnige Verfaſſer der *Charaktere deut-
ſcher Dichter*, 1 B. S. 255. gar kei-
nen Geſchmack daran finden; ſo ſehr
er ihn auch als Fabeldichter auf die
Spitze des Parnaſſes erhebt.

Ich enthalte mich hier, dem Le-
ſer mit einem entſcheidenden Urthei-
le vorzugreifen; glaube aber doch,

daſs es zwiſchen beyden Partheyen
dieſer ſo ſehr einander entgegenſtehen-
den Kunſtrichter, noch eine dritte Gat-
tung von einſichtsvollen Kennern und
Menſchenfreunden gebe, welche in die-
ſem gelehrten Werke zwar einige Un-
vollkommenheiten, hie und da Tro-
ckenheit, und poetiſche Proſe, bemer-
ken möchten ; dabey aber gleichwohl
den mühſamen Fleiſs, die gründliche
Gelehrſamkeit, das dichteriſche Feuer,
die Reinigkeit der Sprache, und das
edle redliche Herz des Verfaſſers darinn
nicht verkennen werden.

Bey allen den vorgedachten Wider-
ſprüchen und Verkleinerungen, fand
dennoch wenigſtens dieſes Lichtwerſche
Werk auch in der Entfernung ſolchen
Beyfall, daſs es in der Schweiz, und
zwar von einer gelehrten Dame, ins
Franzöſiſche überſetzt wurde. Der Ti-
tel iſt folgender :

„*Le droit de nature, imité du poëme*
„*allemand de Mr. LICHTWER,*
„*par Madame FABER. Yverdon,*
„*de l'imprimerie de la ſocieté lit-*
„*teraire & typograph. 1777.*“

Ueberſetzung des Minucius Felix.

„ *Des Marcus Minucius Felix*, *Oc-*
„ *tavius*, *oder Geſpräch zwiſchen*
„ *einem Heiden und Chriſten*, *von*
„ *der Religion; aus dem Lateiniſchen*
„ *überſetzt*, *von einem Mitgliede*
„ *der königl. deutſchen Geſellſchaft*
„ *zu Königsberg*. *Berlin*, *bey Gott-*
„ *lieb Auguſt Lange*, 1763. “ in
Octav, 9 und einen halben Bogen.
Auf dem Titelblatte eine Kupfer-
vignette, die ein Todtengefäſs, oder
den Fuſs einer hohlen, mit Wein-
ranken umflochtenen Säule, vorſtellt,
mit der Aufſchrift : *Diis Manibus ſa-*
crum Q. Minucius Felix ; aus *Boiſ-*
ſart römiſchen Alterthümern genom-
men.

In der Vorrede wird von dem M.
Minucius Felix, wer er geweſen, und
wann er gelebt, Nachricht gegeben;
der Inhalt des Buchs wird kürzlich er-
klärt; deſſen verſchiedene Ausgaben
und Ueberſetzungen angeführt und be-
urtheilet, und dasjenige, was der deut-

sche Ueberfetzer dabey theils geleiftet,
theils zur Abficht gehabt habe, darge-
legt. Die Ueberfetzung felbft, ift nicht
allein mit forgfältigfter Treue und Rei-
nigkeit abgefafst, fondern es legen auch
die dabey angefügten hiftorifch, kri-
tifch und antiquarifchen Noten, von
der ausgebreiteten Gelehrfamkeit und
Belefenheit des Ueberfetzers ein fatt-
fames Zeugnifs ab. Am Ende des
Werks ift ein Fragment aus dem *Cy-
prian:* Von der Thorheit der *Götzen,*
beygedruckt. Da das Buch ohne na-
mentliche Benennung des Ueberfetzers
heraus kam, fo ift es verhältniffmäfsig
weniger, als feine übrigen Schriften,
bekannt, oder gefucht worden; und
ich habe verfchiedene gelehrte Bücher-
kenner gefprochen, die entweder von
diefer Ueberfetzung gar nichts wufsten,
oder wenigftens ignorirten, dafs Licht-
wer der Verfaffer davon fey.

III.

Fragmente.

Heinrich Ernſt , Reichsgraf zu
Stollberg - Wernigerode ,

an

Lichtwer;

einige vorgelegte Fragen betreffend.

Dichter! welchen Wahrheitsliebe nach
    der Wahrheit grofs gemacht ,
Ob Du ſie gleich , meiſt verhüllet , un-
    ter Fabeln vorgebracht ;
Deine Kunſt hat auch das Schöne , das
    die bloſſe Wahrheit hegt ,
Zwar geſchmückt , doch ohne Fabel,
    meinen Augen dargelegt.

Nur erlaube mir zu fragen : was des
 Friedens Urfprung ift?
Was die Reih' vereinter Folgen bis zu
 der Beftimmung mifst?
Was man bey gefchärftem Auge gerne
 fieht, doch gern vergifst?

Den 9. October 1753.

    H. E. Gr. zu Stollberg.

Lichwers Antwort und Parodie.

Du, den Blut der Helden adelt, den
 die Tugend grofs gemacht,
Theurer Graf! drey kluge Fragen hat
 Dein Brief an mich gebracht:
Welches ift des Friedens Urfprung?
 Wer ein rein Gewiffen hegt,
Hat, dafs er ihn in fich habe, unum-
 ftöfslich dargelegt.
Weisheit ift es, die die Kette der ver-
 einten Folgen mifst.
Gottes Dafeyn fieht der Weife, deffen
 er doch oft vergifst.

Den 10. October 1753.

    Lichtwer.

Als vorstehende Beantwortung dem Herrn Grafen noch kein zureichendes Genüge leistete, so wurd in folgenden Zeilen auf eine nähere Belehrung angetragen:

Darf ich, bey der Landes - Pflege,
 Dir mit Schreiben lästig seyn!
Doch Du lässest, *werther Lichtwer*,
 Dich noch ferner mit mir ein.
Wer hat wohl ein rein Gewissen? Was
 ist Weisheit? Zeig' es an!
Auch, ob Gottes oft vergessen, einem
 Weisen ziemen kann?
Was man bey geschärftem Auge *gerne*
 sieht, doch *gern* vergifst,
Bleibt von jüngst gestellten Fragen, das,
 was unentschieden ist.

Den 24. October 1753.

H. E. Gr. zu Stollberg.

Es findet sich aber nicht, ob, und was Lichtwer auf diese anderweite Fragen erwiedert habe.

———

Der *Anhang* ift aus des *Fried.*
Wilh. Eichholz Beilagen zu dem Le-
ben und den Verdienften des *M. G.*
Lichtwers gezogen worden.

www.ingramcontent.com/pod-product-compliance
Lightning Source LLC
Chambersburg PA
CBHW030316270326
41926CB00010B/1383